死後人生

ANNIE KAGAN

安妮・卡根 著

吳宗璘 譯

THE AFTERLIFE OF BILLY FINGERS

名人盛讚

本書提供了死後人生延續溝通的精采範例，在我所接觸過的這些生死議題書籍當中，這也是最具有衝擊力、最自由奔放、最具有療癒效果的一部作品。其實，光是在閱讀過程中就可能會激發你的性靈體驗，徹底轉化你對於生死與死後世界的概念，我不得不大力推薦這本智慧之書！

——比爾・古根漢，暢銷書《來自天堂的問候》共同作者

在探討生死議題的諸多書籍之中，這是我看過最棒的作品之一。作者描述的許多情節都與我個人經歷十分符合，其中包括了與臨終病人的最後相處時刻、還有我自己兩段的漫長瀕死經驗，本書敲盪出事實的回聲，低迴不已。

本書文筆優美，而且故事本身也成功抓住讀者的目光。懷疑論者會忍不住繼續讀下去，想要『知道接下來發生了什麼事』。無論你的心態是起疑或深信不疑，這本書都會讓你瘋狂

上癮。書中有一前提是安妮曾經質疑自己與比利的溝通是否為真？抑或是出於她的瘋狂念頭？這個謎團也驅策我們不斷看下去、找到答案。我們想要為自己尋索這種溝通的源頭究竟是什麼。在這段過程中，比利告訴安妮的話語激勵人心、啟蒙智慧，引人省思，的確是好看作品，以引人入勝的方式、傳達出值得深入討論的靈訊。

——海爾・齊娜・班奈特，著作多達三十餘本，其中包括了《Write from the Heart》與《The Lens of Perception》。

就讓比利・芬格斯帶引你走一趟我們脫離俗世軀殼之後的世界吧。比利透過安妮的協助，帶引你來回探索充滿各種可能的領域，也讓你得以一窺靈魂世界的生活樣貌。我們應該要好好熟悉一下聖靈的美好世界了，比利將會是你的完美嚮導！

——詹姆斯・馮・普拉赫，《Talking to Heaven》與《Ghosts Among Us》作者

希臘先哲甚至還給那些「以某種方式懸宕在此生與來生之間」的人們一個特別名號，『遊走兩個世界的行者』。而卡根醫生這段發人深省的過程，讓我們看到了一個精采絕倫的範

例！

——雷蒙・穆迪醫師，十二本暢銷書作者，其中包括了全球熱銷超過一千三百萬冊的《死後的世界》

看過這本書之後，死亡似乎成為了令人心生嚮往的一場冒險。我們在這位性好省思、深富藝術靈氣女子與死去的調皮哥哥的對話過程中，看到他們合力完成了一部充滿卓越智慧、輕鬆幽默、聖靈美好的作品。看完這本文筆細膩之作，讓我想要放下憂慮、盡情開心過生活！

——米拉拜伊・史塔爾，《God of Love》與《Dark Night of the Soul》作者

我只花了九十分鐘，就一口氣把這本書看完了……愛不釋手……十分精采，的確是這種類型書籍的翹楚之作！

——阿瑞爾・佛特，《Wabi Sabi Love》與《The Soulmate Secret》作者

本書再次確證了我瀕死時在另外一個世界遇見的光與愛。靈魂轉化的過程讓人看得目不轉睛，我強力推薦！

——丹尼安・布林克利，暢銷書《Saved by the Light》作者

安妮・卡根的故事充滿了可信度，與我們的日常基礎訓練完全沒有違和之處，敘事者與她過世哥哥的話語毫無欺瞞。這本書並不是為了要央求你相信任何理論，而是純粹請你以開闊的心胸仔細聆聽，相信你一定會歎為觀止！

——蘇珊・瓦隆，跨信仰正式牧師

我想要把自己的閱讀心得分享給大家，而且我非常喜愛他佈下謎題之後、送給你的巧妙字語，宛若在精緻拼圖裡暗藏的珍珠，能夠讓你（與我們）確實見證了他的這一趟旅程。感謝你們兩位寫出了這本動人之書，我現在幾乎無法入睡，索性熬夜再次拜讀！

——理查・馬爾蒂尼，《FlipSide: A Tourist's Guide on How to Navigate the Afterlife》暢銷書作者

獻給S.M.
我會永遠愛你

獻給我的同志史蒂夫
超偉大明王

前言

這部美好之作，可能在一開始的時候會嚇到某些讀者、或是讓他們困惑不已。畢竟，書中所陳述的事件似乎太不可思議了，遠遠脫離了現實範圍。所以，當卡根醫生請我撰寫前言的時候，我十分感恩，因為這正好給了我一個大好機會、暢談我最喜愛的某個主題——古希臘哲學家的奇妙世界。

卡根醫生描述自己與死去哥哥在靈界的探險歷程，一般美國人很可能會認為難以置信。這種心態真是太可惜了，因為建立西方思潮的希臘哲學家非常明瞭她所描述的驚人現象，其實，這些先哲甚至還給那些「以某種方式懸宕在此生與來生之間」的人們一個特別名號，他們稱其為「遊走兩個世界的行者」。

這些遊走不同世界的行者具有重要的社會功能，正如同古希臘哲學家赫拉克利特所言，他們「守護生者與亡靈」。大約在西元六百年左右的時候，最早期的代表人物之一，埃塔利德斯，就是因為他在現世與靈界自由來去的能力而名聲遠播。在古希臘時代，遊走兩個世界的行者所發揮的功能，到了現代西方社會，則是由有瀕死經驗者肩負執行重責，更精確的說法，他們是生死兩界的傳遞者、中介者，或是信使。

哲學家梅尼普斯，另一位遊走兩個世界的知名行者。他曾經造訪靈界，歸返人間，然後還寫書記錄了這趟旅程。靈界把梅尼普斯送回凡世，賦予他監看人間事的任務，然後，他將狀況呈報給另一個世界的上級，讓他們隨時能夠知悉人類文化的進展。

梅尼普斯為了這個角色而慎重打扮。他刻意蓄留灰色長鬍，身著灰色長袍，繫上鮮紅色腰帶，手執白蠟樹木杖，此外，他還戴了奇怪的帽子，上面有十二星座符號的刻紋，他對待自身使命的態度十分嚴肅。

卡根醫生所描述的體驗，與古時遊走兩個世界的行者角色若合符節，這對我來說，一點也不意外。

我覺得這世界上應該還有許多人與卡根醫生一樣。不過，某種錯誤至極的既定印象已經深植在西方人的心中，她的這種體驗是不可能發生的情節——甚或是變態故事，因此，許多有過相同經歷的人就是不敢站出來，唯恐自己會遭到批判或是嘲笑。卡根博士勇於寫出這本書，自然是讓我相當欽佩。

在二〇〇六年，我擔任某一悲傷議題研討會的主持人，與會者是一群專業人士與收容所工作人員。有名在該組織工作的中年職業婦女，詢問我有關她瀕死時所發生的情節。當時她因車禍而重傷，在失事現場飄離了自己的肉身，立刻看到有個身著灰袍的老人站在路邊。那名男子有超長灰鬍，手執牧杖，而且還戴了頂樣式特殊的帽子。她覺得他站在那裡、就是準備要帶她走向靈界。對了，我在演講的時候，並沒有提到梅尼普斯或是其他遊走兩個世界的行者，這女子完全是因為好奇而主動提及自身經驗。數千年來，相信許多人都有這種生死一瞬間的經驗。

而卡根醫生這段發人深省的過程，讓我們看到了一個精采絕倫的範例。

雷蒙．穆迪醫生

雷蒙．穆迪博士：享譽世界的學者、講師、研究員及暢銷書作家。維吉尼亞大學文學士、文學碩士及哲學博士。隨後取得西喬治亞學院心理學博士學位。一九七六年獲頒喬治亞醫學院醫學博士。著有《死後的世界》等書。

目次

本書為真實故事。某些姓名、地點，以及其他可資識別的細節均已更動、以便保護個人隱私。為了讓閱讀過程更加流暢，某些事件的時序也經過濃縮處理。

死後人生

第1章　告別沒有那麼難捨。我們還能相見。

……聽見死去哥哥的「聲音」

那天早上九點鐘，邁阿密戴德郡的警察在我的電話答錄機裡留言：「如果妳認識威廉・寇恩的話，請立刻聯絡狄亞茲警司，電話號碼是三〇五……」

哦不會吧！比利一定又被逮捕了。不要再坐牢吧，年紀都這麼一大把了。

都已經是快要三十年前的事了，但一想到我哥哥被捕時的情景，依然讓我不禁一陣反胃，聽到那句話的時候，宛若小槌重落而下：「無期徒刑，刑滿二十五年可申請假釋。」我媽媽頓時大哭，癱軟在我懷裡，懇求法官能夠改變心意。當警察銬住比利、將犯下販賣古柯鹼罪行的他送入星星監獄的時候，應該是我一生中最黑暗的一天。

我按下邁阿密警局電話號碼的時候，全身發抖不止。

「我是威廉・寇恩的妹妹，他是不是被逮捕了？」

「不是，」狄亞茲警司聲音柔和，「今天凌晨兩點三十分，妳哥哥被車撞了，不幸身亡。」

我的心一涼，死了？我頭暈目眩，一片茫然，趕緊找椅子坐下來。

「出了什麼事？」

警司告訴我：「威廉從南邁阿密醫院的急診室衝出來，他整個人醉醺醺，跑向高速公路。」

「你當時也在那裡？」

「是的，被叫到事故現場處理的就是我。」

「比利有沒有受傷？」受傷？我到底在想什麼？

「沒有。您的哥哥根本不知道被什麼東西撞上，他是立刻死亡，沒有承受任何痛苦。」立刻死亡？沒有承受任何痛苦？這警司又知道什麼了？他想要減緩這個消息對我的衝擊力道，但這招沒效。

「威廉戴有醫院身分識別手環，所以我們在他們的病歷中找到了妳的姓名與聯絡電話。」

難怪他們能夠找到我！比利總是把我列為他的「緊急聯絡人」。

狄亞茲警司清了一下喉嚨：「請聽我說，您不需要認屍，我們有手環就夠了，我建議您，還是記得他生前的模樣比較好。」

我建議您，還是記得他生前的模樣比較好？我的天！

警司一定是聽到我開始哭泣的聲音，因為他接下來講出了這樣的一段話：「雖然這樣的做法算是違反規定，但要是您願意提供給我地址的話，我可以將您哥哥的遺物寄給您。」

既然我不需要見到比利在車禍發生之後的屍體，那麼當然也不需要特地從紐約飛到邁阿密。我哥哥過世的時候，六十二歲，是個無家可歸的流浪漢，因此他所有的家當都在他的口袋裡。哥哥留給我的身後事簡單明快——完全不像他生前一樣，給我惹一堆麻煩。如今，我多年來所擔心的事果然成真，比利死了。

我打電話給比利在南邁阿密醫院的毒癮治療諮商師，艾迪的語氣焦躁不安。

「比利昨晚進了急診室，發高燒，而且還咳血。他想要住院治療，而當護士告訴他應該要去戒癮病房的時候，他勃然大怒，拿起椅子威脅護士。她立刻報警，比利逃出醫院，剩下的部分，妳也知道了。妳哥哥就是不相信他的『超能救世主』，我對他失望至極。」

失望？比利已經死了，而艾迪對他深感失望？我立刻掛他電話，狠狠把電話摔到另外一頭，想把他講出的那些話拋得越遠越好。

天，比利死了！我的身體一陣劇痛，我覺得自己彷彿才是那個被車子輾壓過去的人。我沒換衣服，直接上了床，整個人躲在被窩裡面。然後，我想起了我昨天做的那件事，超詭異。

雖然我與比利已經好幾個月沒講話，但上個禮拜我卻異常想念他。這一點很不尋常，因為早在小學四年級的時候，我就開始努力練習不要惦記著比利，這是一種生存策略。我還是小女孩的時候，當然很崇拜大哥，但我也一直很擔心他會出事。比利老是惹麻煩，我不知道「麻煩」的定義到底是什麼，但只要狀況嚴重，他就會被送到某個神秘的地方。而要是狀況真的十分棘手，那麼我爸媽就會連他人在哪裡都不知道。

到了小四的時候，爸媽向我解釋比利究竟惹了什麼麻煩，原來他染上了「海洛因成癮症」。為了要想辦法讓我自己遠離焦慮，我開始練習鐵石心腸的技巧。

經過了這麼多年之後，就在他過世的前一個禮拜，我拚命要擺出冷酷姿態，但就是會一直想到比利，一個人住在長島海岸的僻靜小屋、待在家裡工作，也沒辦法阻斷我的思念之情。為了要轉移焦慮，我一直保持日常生活作息——早上六點鐘起床、餵貓、打坐、在海邊散步、做中餐、窩在自己的音樂工作室裡面寫歌。

我坐在電子琴前面，但心裡卻只有比利。我想要打電話給他，聽到他的聲音，讓他知道我愛他，我會想辦法幫助他。但我不知道該怎麼找到他，其實，我滿擔心要是真聯絡到他的話，也不知該如何是好，想必他現在狀況一定很糟糕。

比利過世的前一天，某個冰寒的一月天，我在一大早穿上兩件毛衣加羽絨外套，還戴了兩頂毛帽，勇敢迎向刺骨冷風。我踩踏冰寒的褐黃落葉，穿過光禿禿的冬日森林，走下通往海濱的木階。我從來沒有請求上帝幫忙，但那天早上，我仰望銀白色的天空，舉起雙臂，想像自己將比利推向聖神的雙手，我低聲祈禱：「請為我好好照顧他。」

十多個小時之後，比利死了。

接下來的那幾天，我一直躺在床上，除了喝茶之外，我沒辦法做其他的事。大家說悲傷分為好幾個階段——震驚、歉疚、憤怒、沮喪。但那些情緒卻同時碰撞在一起，讓我徹底崩潰。

我朋友泰克絲過來探望我。「好奇怪，」我告訴她，「其實，我的感覺不像是悲傷，反而覺得自己像是全身被戳滿細針的巫毒娃娃。」

當初我會給泰克絲（意即德州）取這麼俗氣的綽號，都是因為她的外型，一八〇公分高的身材，深色頭髮、瘦骨嶙峋，而且喜歡穿牛仔靴。雖然她外表強悍，但個性和善，而且總是經過深思熟慮之後才會開口說話。

「啊，親愛的，」泰克絲握住我的手，「那就是悲傷。」泰克絲懂的，在她才不過十多歲的時候，她的哥哥派特因為飛機失事而身亡。

比利過世三天之後，一場超級暴風雪肆虐長島。我把床腳推到窗邊，凝望這場讓外在世界天崩地裂的風暴。比利一直很喜歡騷亂狂惡的天氣，由於它掩蓋了萬物，也讓我產生了些許的滿足，因為這場雪「淨白」了我的世界，宛若死亡「淨白」了比利的一切。我深信死亡之後還存有別的事物，至於到底是什麼，我並不清楚。狂風透過窗戶在對我尖嘯，我相信那就是比利的魂魄，他一如往常在大肆喧鬧，在空中四處閒晃，想要找到自己的出路。

暴風雪過去了，狂風威力消退。接下來的日子，我大多待在床上哭泣，其他時間我就吞安眠藥，自己就像是行屍走肉一樣。原本的深色長捲髮久未整理，變得塌扁，雙眼哭腫得跟核桃一樣，皮膚枯槁。我看起來不像是四十多歲的人，反而貌似百歲老人——這對我來說也沒差，因為，每當我看著鏡中的自己，宣判結果總是一模一樣：有罪。

過去這幾年來，我竭盡一切努力要幫助比利：醫院、戒毒中心、心理醫生、美沙酮診所，但完全沒有效果。他的掙扎，成了將我吸入他混亂狀態的大黑洞，我自己每兩個禮拜就會身體微恙，看了好多醫生。終於，我開口求他：「我受不了！不要再打電話給我了！」但他還是繼續打給我，就是沒辦法停手。然後，我們不再說話，幾乎都在大哭，朝對方大吼大叫。某天之後，我再也沒有接到他的電話，而現在他已經離開人世。

經過了三個禮拜的哀逝與自我譴責，我生日到了。我在天光破曉前醒來，聽到上方有人在呼喚我的名字。

安妮！安妮！是我！是我啊！我是比利！

錯不了，是比利低沉柔和的聲音。我大驚，但一點也不覺得恐懼，其實，我覺得好暖心。

「比利？」我半睡半醒，開口問道，「不可能是你吧。你死了，我一定是在作夢。」

妳不是在作夢，真的是我！趕快起床去拿那本紅色筆記本。

突然之間，我清醒過來了。我早就忘了比利去年送我的生日禮物，那本紅色真皮筆記本。雖然他自己當時因毒癮而淒慘不堪，但依然想辦法為我寄了一份禮物，讓我好感動。

我跳下床，在臥室衣櫃裡的某個層架上找到了那本紅色筆記本。裡面一片空白，但第一頁卻有他親筆寫下的贈言。

親愛的安妮

每個人都需要一本為他們而寫的專書。

請細細體會我話中的含義。

愛妳的比利

比利寫下的這段話真奇怪！*細細體會我話中的含義？*我的手指開始撫摸那熟悉的筆跡，然後，我聽到他又開口了。

真的是我，安妮，我沒事，一切很好，因為……

我趕緊拿筆，在紅色筆記本裡抄下他所說的話。

一切之始，是喜樂，至少我的狀況是如此，我不知道其他人死掉的時候是否也有那種感覺。當那台車撞到我的時候，這股能量瞬間爆裂，把我從肉身裡吸出來，帶引我進入了更高的界域。我之所以會使用「更高」這樣的詞彙，是因為我覺得自己冉冉升起，而且一切痛苦突然消失不見。

我不記得自己曾經做出在肉身旁依戀不去、或是頻頻俯視之類的動作，我猜是因為自己相當渴望離開那裡。斷氣的那一刻，我立刻就知道自己死了，有了體悟之後，無論等一下會有什麼在等待著我，我都已經安然就緒。

移動的時候，我並沒有察覺到明顯的速度感，當那股吸力帶我進入充滿銀藍光線的空間時，我只感覺全身輕盈，毫無任何負擔。某些有過瀕死經驗的人會說他們經過了某個隧道，但我想使用的字詞是「空間」，因為隧道有側邊，但無論我從哪一個方向張望，看到的都只有光而已。也許我與他們之間的差異就在於我是單程票，而他們是來回票。

雖然我已經沒有了肉身，但我卻覺得自己依然保有著它，而且也獲得了完整的療癒。空間裡的光穿透了我，它們引我向上，讓我感覺越來越舒坦。被治癒的不只是我的車禍傷口而已，當那些光碰觸到我的第十億分之一秒的時候，我一生中所承受的所有痛苦都不見了：身體、心理、感情，以及其他各式各樣的創傷。

不久之後，爸爸就出現在我的旁邊，他的模樣就和以前一樣年輕英俊，笑意盈盈。他開玩笑問道：「你怎麼拖了這麼久才來？」能夠看到爸爸真是太棒了，但我猜他會出現在那裡，是為了要擔任我進入陌生領域時的熟悉地標。我之所以這麼說，是因為他只陪了我一小段旅程而已，而爸爸顯然不是重點。

重點是那銀色的光，還有它們所營造的歡樂氣氛。那些療癒的光線具有某種節慶感，宛若在熱誠歡迎我：「吾兒，歡迎歸來。」

我不知道我在那個療癒空間裡飄升了多久，因為我已經失去了時間感。但我知道那個空間是某種宇宙重生的渠道、引領我進入這一段新生命。

親愛的，我想要告訴妳，我再也不覺得有什麼事物會讓我煎熬難耐。我滑出了光之空間之後，進入了光燦的宇宙。我以無重力狀態在太空漫遊，四周是光芒閃耀的美麗星月與各大星系，整體氣氛充滿了舒緩的哼吟，彷彿有上百萬人的聲音在對我歌唱，只是距離太遠了，我幾乎聽不見。

雖然我不能說這裡有人在歡迎我，但當我一離開光之空間之後，立刻感受到聖顯，某種和善又慈愛的主宰，真的，我感覺一切俱足。

除了聖顯之外，我感覺到四周還有其他的生物——高靈，我猜妳應該會這麼稱呼他們。我不知道該怎麼解釋自己為什麼會使用「生物」這樣的字詞，而且使用的是複數，反正我就是知道不止一個而已。我看不見他們，也聽不見他們的聲音，但我卻能夠感受到他們在四處移動，颼颼風動，忙著在處理與你息息相關的事。雖然我不知道這些事到底是什麼，不過，我猜在空中漫遊之所以能夠保持舒暢心情，而不是恐懼莫名，就是因為有這些天國團隊成員在仔細呵護我。

我正在俯瞰地球，它就在我的下方，彷彿天空中有個洞，生死交界的大洞，我可以透過它看到妳。我知道妳因為我喪命而有多麼哀傷，悲傷這個字還不夠，應該說悲喪不已。不過，親愛的，死亡不若妳想像的那麼嚴重，截至目前為止，我樂在其中，其實，是一種好到不能再好的狀態。請不要把死亡看待得那麼可怕，妳的日子會過得更開心，這是人生的諸多秘密之一。想要知道另外一個秘密嗎？道別，其實並不像表面那麼沉重，因為我們終將再次相會。

比利的聲音來得突然，消失時亦然。我坐在床上，大腿上擱著紅色筆記本，前面那幾頁除了比利的贈言之外，還塞滿了我的手寫字跡。他的聲音是不是出於我的幻想？有可能，但那些話是怎麼來的？我不可能無中生有。

在筆記本的前頁裡，我發現了我哥哥先前塞的某張卡片——巨大的橘色公貓抱著紫色小母貓，卡片上的那句話真是太不可思議了，*你是真的嗎？還是我在作夢？*

我是不是出現了某種宛若夢境的詭異悲傷反應？我要怎麼知道答案？我沒辦法，而且此時此刻的我也不在乎真相是什麼，因為自從比利過世之後，這是我第一次覺得開心……不只是開心而已，比利很好，他描述了他穿越星辰的幸福漂浮體驗，也不知道為什麼，我也感染到他所在世界的那股氣氛，簡直讓我陷入狂喜狀態。

突然之間，我肚子好餓。我下床，走進廚房，泡了一壺茶。我坐在餐桌前，忙著把餅乾與橘子果醬送入嘴裡，順手打開了一本雜誌。迎面而來的是「白雲」衛生紙的廣告，主照是一朵有切痕的雲朵，儼然像是空中的大洞。剛才比利不是提到他可以透過天洞看到我嗎？我突然打顫，也許這廣告是某種聖兆。

「太不可思議了，」我告訴自己，「我瘋了吧。」但我還是不免心想，也許其中真的有某種連結。

你是真的嗎？還是我在作夢？

一切如此詭異，但又貼合得天衣無縫——比利現身、被我遺忘的紅色筆記本、上面的贈言、卡片小語、天空之洞的照片。而且，在我聽到比利說話之前，我沮喪到幾乎沒辦法抬頭離枕。然而，現在的我卻心情極致寧和。

比利會不會只現身這麼一次？純粹讓我知道他安然無恙？一切就此結束了嗎？我希望不是。下次他來找我的時候，我一定會準備就緒，保持客觀敏銳的態度，就能判斷他究竟是不是真的。我決定把紅色筆記本與筆一直留在身邊、當作誘餌，等待他再次回來。

告別沒有想像中的那麼難捨，
因為我們還能相見。

第2章　人生的問題來自於得不到理解

……人生的苦難和活在世上的意義

我決定還是不要把比利的事告訴別人。十年前，我學會了如何靜坐見光，我的導師教我要把超自然體驗放在心中就好，不然的話，我很可能會失去這種能力。能夠聽到比利在靈界對我發聲，就是某種超自然的體驗，對不對？如果是真的，我可不想承擔失去的風險。

在我過完生日的五天之後，晨曦在我的白色臥室裡投射出粉紅玫瑰色的光暈，就在這時候，我再次聽到比利的聲音。我睡眼惺忪，拿出枕頭下方的紅色筆記本，以手支頭開始抄寫。

嗨，小公主，早安。

比利在世的時候，喊我「小公主」的目的從來就不是為了要稱讚我。與他相比，我的生活一開始就一帆風順，他也對我懷恨在心。比利是個「問題小孩」——而我卻是「小天使」，我在學校公演節目裡唱歌跳舞——他也想要組團唱歌，但根本五音不全。比利高中沒念完就被踢出去了——但我卻是每一科都成績優等的好學生。我的表現越好，越顯得他相形見絀，而且這樣的印象也越來越根深蒂固。我覺得自己好對不起他，一直想要討他歡心，但總是不得其門而入。

比利現在使用「小公主」這個綽號，是因為他對我依然懷怨嗎？似乎不是，因為與他的聲音同時出現的光束，讓我全身盈滿了愛。

由妳，或是由我，寫出一本書，我覺得這想法真的很棒。我想我應該要先得到許可才是，但我此刻在宇宙間漂浮，沒有人可以詢問。也就是說，除了我先前提到的隱形「高靈」之外，找不到任何人，而且我也不希望太早就開口央求他們幫忙（笑）。

我在世的時候，無論做任何事，從來就沒有事先詢問別人是否許可。但現在狀況不一樣。這裡的主宰者無為而治，和地球截然不同，妳所在的那個星球，缺乏了這種仁慈的情味。

待在妳的那個地方，很難時時心持善念。因為要是不硬起來，就會被別人踩在底下，存在的本質就是殘酷。你修補了這個破洞，然後又跑出了另一個破洞。不過，人生本來就是這樣，所以也不需要太在意。

安妮，我這一生已經任務完盡，償還了所有的債務。只不過，那並不是我們平常認定的那種債，不是為了我那些所謂的罪行而付出的代價，應該算是某種體悟。

我雖然曾經荒唐，但所過的這一生並沒有因而受到懲罰，我怎麼知道？哦，因為本來就沒有那種事。活在世上不是為了要受罰，沒有什麼罪與罰，這全是出於人類的想像編造出來的觀念。人們無中生有，然後就照單全收。

當然，人生中有許多痛苦，但這並不是因為我們做出的行為而必須活該承受。親愛的妹妹，要告訴妳另一個秘密。痛苦只是人性體驗的其中一部分，就像是呼吸、視力，或是在血管中流動的血液一樣自然。痛苦是大地生息的一部分，所以不要太在意。不過，我必須承認，我自己不是很喜歡苦痛經驗。

我怎麼知道這一切？老實說，我並不清楚。我在世時有許多並不明瞭的事物，但我突然頓悟了。出生的時候，我們這麼大力一迸，也因此得了某種健忘症。我們活在人間時的要務之一，就是要拚命回想我們所忘卻的一切。

這裡的知識層次不一樣，大家都了解你，真是讓人鬆了一口氣，因為世間有許多問題都是出於無知與誤解。有時候，世人還是可以隱約看見別人的靈魂，比方說，陷入熱戀的時候。而在這裡的差別是，我就是我的靈魂。我還是比利，但只是少了肉身。

我想，對某些人來說，少了軀殼一定相當難受。當你驚覺自己死掉的那一刻，一想到曾經在世間聽說的那些胡言亂語、等一下可能會有什麼牛鬼蛇神迎面而來，我想一定會感到相當焦慮。但我不是，我熱情投入死亡的懷抱，感覺就像是回家一樣。

親愛的妹妹，我知道，妳一定在懷疑這是出於妳自己的想像，妳因為我最近離世而傷懷，這是妳的心理編造出的故事、只是為了要讓自己好過。妳要怎麼知道這一切為真？好，因為我會給妳明示——我們就把它稱之為證據好了——所以妳就能夠確定這並不是出於妳的想像，安妮，真的是我，我是比利。

還有，葛麗泰．嘉寶小姐，幫我一個忙，挑個銅板送給泰克絲。

比利在說話的時候，我完全明白他所提到的一切。不過，等到他聲音消逝之後，我卻連一個字也想不起來。這一次，比利又讓我進入狂喜狀態。與他的靈魂溝通，也讓我自己的靈魂變得更加開闊，整個世界的面貌也為之改觀。我再也不在意自己必須要保持客觀，反正比利回來了，這才是我在乎的事。我躺了好一會兒，專心吐納，慢慢回到現實之中。

然後，我到了樓下，點燃了壁爐裡的木柴，想要重新找到自己的定位。我的內心冒出一籮筐的問題：這是真的嗎？為什麼我能聽到死去的哥哥對我說話？這是不是某種靈魂出竅的感覺？我覺得不是。我並沒有神遊他方，而是他方飄到了我的面前。

我打開紅色筆記本，閱讀剛才寫下的字句。的確是比利的口吻，完全展現出他的睿智與魅力——只要比利沒喝醉、腦袋清醒的時候就是如此。

而且，他似乎有讀心術，他知道我在懷疑他存在的真實性。

我突然想到，如果說這是我的幻想，那也太不合邏輯了，幻想不會產生質疑。也許比利現象是類似幻肢的心理作用，明明已經消失不見，但依然覺得還在身邊。抑或是我可能在自己的腦袋裡聽見他的聲音，就像是有人這麼說的：「我聽見我爸爸在我的腦海中對我喊話……」

只不過，那聲音並非出現在我的腦袋裡面——而是外面，而且聽起來就像是我站在某道長型階梯的底部，而他站在梯頂。這兩次他對我講話的聲音都是從上方傳來，而且全是在右側。

更怪的是，他吩咐我要拿銅板給我的朋友泰克絲。為什麼？他怎麼會知道她的名字？他從來沒有看過泰克絲，現在，比利卻希望我能夠把他的事告訴她。我這一生為了比利、做出了許多心不甘情不願的事——向父母撒謊、給他錢、讓他白白睡在我家的小公寓沙發上長達好幾個禮拜之久。現在他都已經死了，我還得繼續幫他嗎？

一想到要把比利的事告訴泰克絲，比利現身的美好效應也逐漸消退，我的心涼了半截，俗世似乎也變得更加俗不可耐。話說回來，這畢竟是令人興奮的事，已經超出了我日常生活的範圍。

三年前，我變得非常厭世。也許是因為將近十年的深度冥想，對於生活日常之高低起伏，我的態度已經變得十分淡漠。就外在看來，我的生活過得不錯——在紐約市當脊骨神經科醫生、事業有成，先生是律師事務所合夥人，而且我還與某位天才音樂製作人持續合作寫歌。不過，就在短短幾個月之間，一切崩解。我的丈夫史蒂夫突然變得像是陌生人，遇到的病人總是讓我犯頭疼，而且我已經好久都沒有賣出任何作品。

我只知道我想要一個人就好，所以，比利才會為我取了那個暱稱：葛麗泰．嘉寶。我覺得自己彷彿從高崖一躍而下，與丈夫分居，賣掉診所，離開市中心，搬到了長島頂端的某間老屋。

我買了一些二手音樂器材，弄了個工作室。早在十幾歲的時候我就開始寫歌，而且好幾個暢銷歌手差點就要收我的歌。這樣說也許言之過早，但我覺得自己如果專心投入音樂這一行，應該可以靠詞曲創作為生。

我獨自住在加德納斯灣海邊，只有兩隻貓為伴，就這麼過了六個月。我寫了一些沒人願意買的歌，每日冥想三到四小時，在海邊散步，有時候，除了郵差之外，我連續好幾天都不會看到任何一個人。

不過，就連孤獨也會有辦法令人惴惴不安。我在某個禮拜一直穿著睡衣睡褲，頭髮髒得要命，簡直像是棄爛的沙拉葉，也讓我終於下定決心要參加某個當地的作家讀書會。也許我心中正在醞釀一部小說，我不覺得自己會馬上變成暢銷書作家，但至少可以讓我走出屋子。

所以我就這麼認識了泰克絲，寫作小組的組長。她曾經出版過回憶錄，也為某齣大受歡迎的有線電視節目寫了好幾集的腳本，我們一認識就十分投契。

但比利為什麼要叫我給她銅板？

我拿出狄亞茲警佐在比利死後所寄來的牛皮紙信封，裡面裝了他的一些遺物：破破爛爛的電話簿、華美達飯店的房卡、兩副髒兮兮的眼鏡、磨損的真皮名片夾、七塊錢紙鈔，加上一堆零錢。我哥哥的遺物就只有這些東西？

我把那一堆銅板攤在餐桌上，應該要給泰克絲哪一個才好？兩毛五？五分？還是一角？就在這時候，我聽到比利的聲音。

把我的……車子……找回來。

我嚇了一大跳。這不是在床上的半睡半醒狀態之下聽到比利在講話——現在是大白天，而且我待在廚房裡面。他的音量也變得比較大聲——宛若機器人在下令。我嚇壞了，現在這狀況我已經沒辦法處理了。雖然我與史蒂夫早已分居，但我還是打電話給他。

「我得告訴你一件非常詭異的事，」我深呼吸，「比利一直在跟我講話。」

「太離奇了吧！他說些什麼？」我聽出他語帶保留。

「我把那些話都寫下來了，」電話另一頭陷入沉默，「你是不是覺得我瘋了？」

「沒有，」史蒂夫安慰我，「我們不會突然之間發瘋，想必是有狀況，把那些頁面傳真給我。」

史蒂夫就是這樣，公事公辦。

「還有別的事，」我繼續說道，「我待在廚房，剛才又聽到比利在對我講話，叫我要找到他的車子。他有車嗎？」

史蒂夫絕對可以回答我的問題，因為比利直到死前依然緊纏不放的人也就只有他而已。無論我哥哥有什麼需要——金錢、建議、忠告、友誼、同情——史蒂夫總是能夠滿足他的需求。

「比利有台老舊的賓士車，他一直以那台車為家，」史蒂夫告訴我答案，「但他過世前的一個禮拜撞到了樹，那台車應該在佛羅里達州的某個垃圾堆裡面。」

所以比利真的有車！「我等一下再打給你！」講完之後，我立刻掛了電話。

雖然我全身顫抖，但我要知道比利是否還在我身邊？能不能回答我的問題？我抬頭張望天花板，大聲問道：「比利，我要怎麼找到你的車？」

我的……名片夾。

我幾乎無法呼吸，趕緊從牛皮紙袋裡拿出名片夾，發現了某家賓士經銷商的名片。

要把……車子裡的……東西……拿回來。

「什麼東西？」沒回應，「比利，什麼東西？」

他不見了。

我強作鎮定，打電話給名片上面的漢斯，也就是那名賓士經銷商。當他說出他的確留有我哥哥的車骸時，我差點摔落在地！我可能突然之間會通靈，要不然就是比利真的在與我溝通。我請漢斯幫我把比利的東西寄回來，他說他立刻處理。

接下來的那幾個早晨，只要我一醒來，就會開始低聲呼喚比利的名字，但他似乎沒有現身。原來，我沒有辦法召喚他的亡靈，讓我覺得多少還是有些開心。這件事的主導者是他，由他負責……好一場人生轉向。

人生遇到的問題，
大多數是因為自己得不到理解，
沒人想要理會的關係。

第3章　看見地上看不見的事物

……漂浮在幸福海

比利出現在我家廚房的幾天後，我在寫作小組裡見到了泰克絲。每個星期三傍晚，從七點到九點鐘，有一小群充滿抱負的作家會聚在泰克絲客廳的灰石巨型壁爐旁邊，大聲唸出我們寫的新內容。由於大部分的菜鳥作家都暗自認為自己正在寫未來的暢銷書，所以我們在批評討論時的用字遣詞都很溫和，小心翼翼。

不過，等到課程結束，只剩下我與泰克絲的時候，我們就會開始無情剖析今晚朗讀的篇章。我們不是殘酷之人，她就是透過這種方式教導我寫作。

那天上完課之後，一如往常，泰克絲開始喝威士忌，而我則慢慢啜飲礦泉水。

當她快要喝完第二杯酒的時候，我開口問道：「想不想聽離奇的故事？比利一直在跟我講話。」

她眨眨眼，但至少她沒有哈哈大笑。

「沒跟妳開玩笑，而且我還都寫下來了，妳會不會覺得我瘋了？」

「哦，難怪，」她回我，「自從比利死後，妳就一直很痛苦，但今晚卻很開心。對，我相信妳說的話，為什麼不信呢？」

「比利還說，希望我要給妳一枚銅板，但我不知道他這個要求到底是什麼意思。」

泰克絲微笑，「我很開心，知道他想送我東西的感覺真好。」

我從皮包裡取出比利的照片。

「神秘又英俊，」泰克絲說道，「他看起來像是個擁有獨特秘密的人，我會想要跟他約會。我的意思是，如果他還在世的話。」

我以前常聽過這種話。只要是女生，都會煞到比利，他不需要努力耍帥，因為這本來就是他的獨特天賦。

泰克絲問道：「他說了些什麼？」

「喜樂、光亮，還有看不見的『高靈』。」

「我覺得妳應該要在下一次上課的時候唸出來。」

「妳開什麼玩笑？我才不會讓別人知道我死去的哥哥在對我講話。而且，我也不應該說出自己的超自然體驗。」

「妳應該要換個角度思考，這是比利的經驗，不是妳的，妳應該要唸出來才是，」泰克絲繼續力勸，「假裝那是妳寫的新小說，比利是主角，他在天堂對自己的妹妹講話。」

「我會考慮一下。」

也許這是他在世人生的某段遺緒，但我不希望聽到任何人批評比利與他的全新狀態。雖然我比他年紀小了許多，但我一生都覺得比利是個被誤解的小孩，而我是他的守護者。也許這一次我成了小孩，而他開始當守護者。反正，無論如何，在我的寫作小組唸出他的話，似乎太冒險了。我擔心大家會以為我瘋了。

等到下一次比利來看我的時候，我打算問他是否可以在寫作課裡唸出他講出的話。兩天之後，他在黎明前喚醒了我，我的問題卻突然消失在他現身的燦光之中。

早安，親愛的妹妹。

雖然我已經再也沒有肉身，但我依然覺得自己是個完整的人。消失，進入喜樂之海，夫復何求。別誤會。我浸淫在這種喜樂體驗之中，但我絕對沒有消失無蹤。

什麼是喜樂？喜樂就像是乘了一千遍的戀愛，但它卻與任何人無關，那是一種內心圓滿、自我滿足的狀態。在地球上，你們通常都需要找到某個對象、賦予你們體會愛的理由，而那樣的感覺經常會出現高低起落。而在喜樂的狀態下，不會有低潮——而且也不需要什麼理由就能盡情享受，靈魂在這個空間裡四處飄遊，感受喜樂就是極其自然之事。

這裡存在的那種喜樂，與人類軀體並不相容，因為肉身必須受限於某些法則。我相信這裡也有法則，但似乎非常寬容隨和，可以因應你的喜好恣意調整。這裡有充分的自由，無拘無束，而地球上卻處處都是牽絆，讓人動輒得咎。對我來說，這裡似乎沒有任何限制，只有無限的可能。

這都是因為上帝，或是聖靈，或是你隨便愛怎麼稱呼都可以，的確存在於我的身處之地。當我在空中飄遊的時候，周遭閃耀天體所發出的光線，嗯，那些光線具有各式各樣的人性特點——都是很好的質性，像是學識、和善、憐憫、智慧。有時候，我覺得這些光其實是某位「至高主宰」的超級思維，而其他時候，我覺得就是「至高主宰」自己現身，其實，我也不是十分確定。

在世俗的軀殼之中、以肉眼觀察，會妨礙你們對於那種光線的感受力。你們的雙眼沒辦法直接看到這樣的光，只能看見它們所映亮的物體，所以這種光線一直處於隱形狀態，就像是靈魂一樣。所以你們地球上的人類承受了許多痛苦，因為你們看不見，就很難相信那是真的。這裡的光線讓地球上的隱形事物終得現身：也就是所有事物的神聖性。

治療痛苦的最佳方法是什麼？就是啟發性靈的體驗。這話到底是什麼意思？也就是說，要在可見事物裡找到不可見的那一部分。你不只是在地球表面走動的人而已，你有靈魂，這就是心靈尋索的目的。

還有，小公主，雖然我過去讓妳失望透頂，千萬不要懸念在心。失望，也是人間生活模式的一部分，但世事無常。我知道妳已經聽過這句話無數次了，但這是個秘密，世事無常。當人死掉之後，就會體悟到滄桑無限，而且，所謂的恆常，隨身不離的恆常，也會出現變化。

東方概念裡的馬雅，或是幻象，代表了什麼意涵？意思就是無常，生命無常。

接下來的那個星期三晚上，也就是寫作課之夜，氣溫清冷，狂風大作。我停好車，包包裡放著那本紅色筆記本，踩踏在石面步道、朝泰克絲住家走去，泛光燈似乎更為透亮，月光更加皎潔，就連光禿禿的樹枝也顯得格外嶙峋有節。

我告訴自己：「這是比利效應。」這是我有史以來第一次使用這個字詞。

我們一共有六個人，大家都窩在泰克絲的灰色膨鬆沙發與座椅上面，那天晚上，第一個朗讀作品的人是我。

「我寫了一本新小說，情節有點詭譎。」我拿出紅色筆記本，唸出比利一開始講出的那兩段話。

等到我講完之後，目光飄向四周，屋內的人都點頭稱好。也許他們只是好心配合而已，畢竟每個人都知道我哥哥死了。

只有一個人——J.B.——始終不曾看我。我知道他不是個性溫善之人。J.B.一直很冷酷疏離，而且對一切總是無動於衷。而且，我們之間正在默默競爭，看誰能先找出其他人作品中的重大缺陷。

泰克絲只是坐在那裡，盯著自己的咖啡杯，默默等待。

突然之間，我覺得自己已經受不了這樣的壓力，沒辦法繼續保持沉默下去。「其實，我知道這聽起來很瘋狂，但比利真的一直在跟我說話，我剛才唸出來的段落，都是出於他的口述內容。」

泰克絲說道：「那麼妳就該依照這種模式繼續寫下去。」

「和我死掉的哥哥一起寫書？好詭異。」我結結巴巴，想要解釋自己為什麼不願這麼做。「你們都已經認識我了，但其他人一定會對這樣的作品大肆批評，他們一定覺得我是無腦瘋子，甚至會說我是騙子。」

泰克絲問道：「妳是從什麼時候開始這麼在乎別人的想法？」

「我不在乎，我只是不希望他們批評我而毀了這部作品。」

「有一位巴西作家，」J.B.說道，「馬查多．德．阿西斯，在十九世紀末期寫出了一部偉大的作品，書名是《布拉斯．庫巴斯的死後回憶錄》。主角已經死了，一直在靈界發聲。所以妳可以繼續寫下去，把它當成小說就是了，不需要讓別人知道真相。」

那一晚，我入睡的時候，期盼比利能在第二天早上過來看我。不過，一天天過去了，完全沒有任何徵兆，也許我因為洩漏天機而喪失了這一場超自然體驗。為什麼我要聽泰克絲的話，卻不聽靈修老師的訓誡？

這一次，是我讓比利失望透頂，而不是他辜負了我的期盼。

這裡的光會顯現地上看不見的一切事物。

第4章 大自然會安撫痛楚……愛的能量

我在寫作課唸出他的話語之後，又過了兩個禮拜，正好是比利的生日。我依然沒有聽到他的聲音，讓我心情好低迷，半夜醒來的時候，全身都在發疼。

比利可能在生我的氣，也許覺得我背叛了他，將我們的秘密公諸於世。我為什麼沒有先徵求他的允許？啊，天哪，聽聽我講的是什麼話！我現在變成了胡思亂想的神經病，需要得到過世的毒蟲老哥的核可。我最好還是趕緊回到現實之中，其實比利根本不存在。

然後，我聽到了比利的聲音——他在歌唱。

不，不，他們不能奪走我的回憶……

小公主，不要擔心，雖然我離開了人世，但妳並沒有失去我這個哥哥，對不對？現在，我算是妳的守護者了，我知道妳對此抱持保留態度，我不怪妳。不過，如果我不是真的，我的歌聲怎麼能夠讓妳的心情變得如此舒緩？而且，我依然還是走音大王啊（笑）。

這就是我帶給妳的某種能量，那是愛，不是世俗之愛，不是靠著對方的行為或是長相應運而生的愛，不是那種今天我恨你明天我愛你的那種愛，但通常還是由愛轉生恨的狀況比較多，因為戀人變了，變得和先前不一樣。不過，我帶給妳的卻是我此刻身處之地的那種愛。

怎麼會有這種事？我想，不同次元世界的互動，應該在容許範圍之內吧。原因呢？也許是因為我渴望要給妳一些啟示，而妳剛好也能夠吸收。嘉寶小姐，妳的生命需要另外一個次元。

妳在我生日的時候召喚我，但我正在認真學習，就算妳希望我能夠找妳講話，我也力有未逮——對此，我深感抱歉。妳何不穿上暖和的衣服到海邊走走？感受那帶有鹹味的藍色活水，輕撲臉龐的白雪。投向自然的懷抱，就能夠減輕妳必須承受的苦難。大自然所蘊含的光，超越了地球上的任何事物。所以，暫且放下妳平常的冥想，思考一下我死後所穿越的那個療癒空間，那是肉身死亡當下的身後體驗之一，所以距離妳的世界並不算太遙遠。我知道當我描述那裡的情景時，妳多少也能夠感同身受。

我該走了，祝我自己生日快樂。

外頭一綻露天光，我就立刻穿上冬衣、戴好防寒配件，走向海灘。一到達岸邊，天空正好開始飄下細雪，洋面、天空、海鷗的詠唱，再加上雪花輕舞，這一切讓我更加心曠神怡。

所以，比利現在是我的守護者。我那總愛惹事生非的大哥開始指引我的人生道路。他生前並不清楚我的某些事，但現在卻一清二楚。他知道我一直在練習冥想，應該也知道自從他死後，我就再也沒辦法做這件事。

比利過世，讓我整個人都崩潰了，無法坐在臥室角落的黃色真絲靠墊上面。我也在躺下來的時候嘗試冥想，但我只覺得痛苦而已，我感知的是痛苦，而不是光，這是十年來從不曾發生的現象，我居然找不到體內的光。

強勁海風讓我受不了，我決定回家。我躺在床上，閉上雙眼，努力想像自己進入那個療癒空間的情景。過沒多久之後，我感覺有銀色光芒圍繞著我，就像是聚光燈的效果一樣。我的細胞開始像小星星一樣閃閃發亮，而那道光也把這些星星往上推升、冒出頭頂，最後與那道光融為一體。

我起床之後，覺得剛才彷彿在充滿純粹能量瀑布的下方淋浴過一樣。現在的我，不再只是感受到體內的光，而是整個人浸淫在那道光之中。我保持那樣的喜樂狀態長達數小時之久，在壁爐旁喝茶、吃東西，還在電子琴前面創作，在這段時間當中，我一直睜大著雙眼，定睛凝神。

經過了那一段空間體驗之後，我又恢復了冥想的能力，能夠在漆黑的房間裡打坐數小時，全神專注於內心之光。當你一次冥想好幾個小時之久，鐵定會產生撞牆感、煩躁不安、心緒惱亂，只想要立刻停止。但如果繼續堅持下去，一定就能夠突破瓶頸。

現在，有了比利出手相助，我還能夠靠其他方法突破冥想困境。我的哥哥，瘋狂，個性詭譎莫測又迷人的哥哥，正在對我訴說宇宙的秘密。我萬萬沒想到這種事居然會發生在我身上。不知道比利什麼時候會再過來看我，目前完全沒有任何模式可以判斷，不過，他似乎特別鍾愛破曉時分。

大自然會免除你背負的痛苦。

第5章　沒有太陽就沒有陽光

……猜中的訊息

比利冥誕的幾天之後，讓比利一生就此畫下句點的駕駛人的保險公司，打電話找我。保險員說那台車撞到我哥哥的時候，他的頭直接穿過擋風玻璃，與駕駛正好面對面。至於他後來又說了些什麼，我已經聽不太進去了。一等到我們結束電話，我立刻趴在書桌上哭泣，過沒多久之後，天花板傳來比利的療癒話語，我立刻拿起紅色筆記本。

所以妳今天早上心情低落，很遺憾。小公主，我的頭穿過擋風玻璃，實在是微不足道的小事，妳不需要知道的。

那名駕駛真的是天使！聖人！為了送我最後一程，必須經歷這一切。親愛的，我需要有人幫忙。我希望妳能找到他，幫我親他一下。

還有，這一點當然要提一下，今天是三月十五號，也就是我因為販毒而入獄的紀念日。我一直不算是大聯盟等級的毒販，其實連小聯盟也進不了，因為我只不過是想要掙點錢維持自己的嗜好而已。染毒生活並不容易，但那是一條特殊的路，而它只是我人生道路的其中一部分而已。

整顆頭穿過擋風玻璃、賣毒、坐牢多年……妳對這些不會有興趣的，但我卻覺得很有意思，想知道在徹底崩壞之前，自己能夠玩火玩到什麼程度？

安妮，我毀了，感覺不是很好，真的。尤其是剛過六十歲、魅力逐漸消退的階段。

記得那些一路愛我、照顧我、讓我備受眷顧的女子嗎？女人真的很喜歡那種獨特的組合，壞男孩天使，而我就是這樣的人，在生命之火中熊熊燃燒的純潔靈魂，是天使大隊派來的臥底，也是由光界降臨的黑暗信使。

我一直保有壞男孩天使的特質，除此之外，我需要有人拯救我。女人喜歡「救贖你的靈魂」這種事，好，我個性憂鬱，長得帥，還有低沉的聲音更是加分，透過誠摯之聲，我總是能夠講出真切的話，因為，不管怎麼樣，我一直是個懇切的人。

為什麼我能夠同時具備美好與恐怖的特質？老實說，我不知道！

安妮，今晚妳去參加寫作課的時候，要告訴J.B.這句話：「沒有太陽就沒有陽光。」當妳唸出我被車子撞到的段落時，記得要說出來。

我大聲嚷嚷：「你在開什麼玩笑？我絕對不會把那段話告訴J.B.。」

在整個寫作小組裡面，對我死去哥哥的話語最沒興趣的人就是J.B.。我差點被人當成瘋子，因為我在課堂裡大膽唸出比利的話，而他現在卻還要我將私人訊息轉達給全班之中最多疑的那個人。J.B.上次建議我把比利的篇章當成小說繼續寫下去，我想他早就對於那些話的本質下了定論——就是虛構。

「沒有太陽就沒有陽光？」也許比利的這句話其實是源自於比爾．威德斯的某首老歌，「當她離開之後，再也沒有陽光了。」

比利的聲音不知道從哪裡冒出來，他又重複了一次，沒有太陽就沒有陽光。

我立刻回嘴：「所以你知道我在想什麼。哼，我才不會講呢！」

那天晚上，等到我唸完比利的頭穿過擋風玻璃的段落之後，我萬萬沒想到自己居然會主動面向J.B.，開口說道：「我知道這聽起來很奇怪，但比利請我要轉告你一句話：『沒有太陽就沒有陽光。』」

大家都沒反應，J.B. 也不例外。

接下來，輪到 J.B. 唸自己的作品。他曾經居住過法國一段時間，他以此為本、正在撰寫一部自傳性小說。所有的人都嚇了一大跳，因為 J.B. 唸出了某個大家都不知道的段落，一開始是哽咽，最後是大哭——他的幼子被車撞死了。

眾人一片靜默。J.B. 稍作停頓之後，又繼續唸下去，我和其他人一樣，震驚又悲傷。然後，我突然頓悟了，不是太陽（sun），而是兒子（son），沒有兒子就沒有陽光！

等到 J.B. 唸完之後，大家都不發一語。他是當晚最後一名朗讀者，才剛剛結束，他就立刻收拾自己的文件，匆匆離去。

我繼續留下來，泰克絲拿出威士忌開喝。

我開口問道：「怎麼會有這種事？」

「哦，的確是真的，」她露出迷人甜笑，「千真萬確。」

「而且比利是在講述自己車禍的時候、告訴了我這句話。難道沒有人發現這一點嗎？剛好都是車禍？」

「安妮，我不知道。我不明白別人的狀況，但我認為比利告訴J.B.的那句話絕對不是瞎貓碰到死耗子。好特別，充滿了戲劇化的情節，不知道J.B.怎麼想？」

「也許，比利想要以某種奇特的方式，」我回道，「讓J.B.知道他兒子的靈魂依然存在於世。」

那晚我上床睡覺的時候，既興奮又害怕，就像是小孩乘坐雲霄飛車一樣，我的心臟怦怦亂跳。大事發生了，而且這次有多人見證，看來是非同小可。目前，我仍然存有部分疑惑，不確定自己是否真的與比利在對話，這是否只是我的潛意識在作祟？把死去的哥哥予以擬人化、幫助我面對自己的悲傷？但寫作課的事件實在太不可思議了，絕對不能以純粹的巧合一言帶過。

我第二天早上醒來的時候，整張臉腫起來，牙痛得要命。前一晚的興奮之情已經轉為全然的恐懼。我不應該把那句話告訴J.B.才是。我是不是逾越了生死之間的某個界線？也許牙痛就是在懲罰我，等於警告我不要再繼續下去了。

為什麼我必須要聽從比利給我的指示？當他還在人世的時候，對於什麼事情會惹出麻煩，完全沒有概念。如今，身在靈界的他，難道依然是個危險人物？不過，我知道比利愛我，絕對不會做出傷害我的事，對吧？

沒有太陽就沒有陽光。

第6章　全盤接納就會非常快樂

……立體畫面播放一生

牙痛，痛苦的根管治療，再加上隨之而來的感染，我嚇壞了，我想要找出答案。每天早上，我都在等比利現身，好好給我一個解釋。但一直沒看到他，他不見了，他搞出那一場向J.B.傳話的神秘事件之後，隨即消失無蹤，真叫我不敢置信。但這就是比利，他以前就是這個樣子。

比利給J.B.的那句話，讓我深信我與他的對話過程絕非是出於自己的憑空想像。

不過，人死後依然保有靈魂，這一點應該由我來證明嗎？也許有些秘密不該被公諸於世，也許我違反了神聖的禁忌，居然大膽翻攪潘朵拉的盒子。

由於牙痛的關係，我也沒辦法出席接下來的那一堂寫作課。泰克絲告訴我，課堂上並沒有人提到比利所講的那些話，我心情輕鬆多了。我不想把那本紅色筆記本留在身邊，決定把它扔進我床邊桌的抽屜裡。就在這時候，比利再次現身，時值四月初，距離他上次與我說話，已經相隔將近一個月之久。

早安，安妮，我並沒有棄妳於不顧。小公主，我實在不想告訴妳實話，但我的行程表裡面不是只有妳而已。好，妳牙痛，嚇得要死，親愛的，不需要這樣。這並不是因為妳和我交談搞出了紕漏，聖神之力並不會因為妳寫下了死後之事而處罰妳。我告訴過妳了，不會有那種刑罰，千萬不要因為牙痛而中斷我們的寫書計畫。

妳敏感纖細，這正是我們之所以能夠溝通的原因之一。妳從小就是這樣，擔憂一切。嗯，要是我也有一個像我這樣的大哥，我也會嚇得半死（笑）。

我們上次見面之後，我一直在宇宙漫遊。當宇宙之風宛若緩慢龍捲風、吹旋著我的時候，我好整以暇、張望四方。這種風含有某種磁力，因為它的邊緣聚集了白色的水晶物質，就像是汽車擋風玻璃上的雪花一樣。等到旋轉停止之後，那些水晶就成了圍繞周身的一道環狀物，距離我似乎約有三十英尺，我使用「似乎」這樣的字詞，是因為這裡無法測量出真正的距離，搞不好其實有好幾光年那麼遠。

然後，好像有人按下宇宙投影機的啟動鍵，我周邊的那道水晶環變成了圓形電影軌道，開始播放影片。

不過，我所看到的影像卻與以前在電影院裡面看到的截然不同，首先，我懸浮在宇宙中央，其次，整部電影開始同時播放，而且是全像式畫面。

我的周邊充滿了數不清的栩栩如生的立體畫面：在搖籃裡尖叫的小寶寶；深色捲髮的六歲小孩在屋頂上跳來跳去，而他的母親則在人行道上對他大吼；身著黑色牛仔褲、手臂上纏著橡膠管的十多歲少年、某個西裝筆挺的男人窩在賭城的婚禮小教堂親吻某個金髮美女。我只看了一會兒，立刻認出自己就是主角。

當我們還活在人間的時候，體內有某個東西，有點像是宇宙電腦晶片，記錄了我們的一切歷程。現在，我正在觀看自己從出生到死亡的所有歷程。我東看西看，快轉向前，倒帶，放大，縮小。我看到了自己走過的路，還有不曾踏上的那些路途。我看到了自己的天賦，也發現了某些我可以改善的地方。不過，我倒是沒有任何道德批判的意思，對我而言，一切看起來就是充滿興味。

這樣的全像式畫面有種特殊功能，真的是棒透了。想必妳一定懂得這種心情，我們有時候不免會自問：「要是當初……後來會怎樣？」比方說，我還在人世的時候，經常在想：「要是當初我跟初戀情人結婚的話，後來會怎樣？」

嗯，妳知道嗎？我的全像圖可以自由延展，能夠看到那些「要是當初……後來會怎樣？」的其他結果。雖然當初沒有選擇那些人生道路，但我依然可以知道後來會演變成什麼狀況。然而，令人驚奇的是，另一個選擇似乎也沒有比原來的決定好到哪裡去。任何結局對我來說都一樣美好，我完全不後悔。

我知道這種話聽起來可能不合常理。我做出了許多事，大多數人都認為那些是錯誤，天大的錯誤。但我回顧之後，卻覺得自己過了很棒的一生，一切美好，就連煎熬也不例外。

當然，我在世的時候，不曾以那樣的角度看待自己的人生。現在，全新的觀點已經全然消除了我過往的痛苦，不斷掙扎的那股感受。我固然很清楚宇宙螢幕上的主角就是我，但我卻是在遠距離冷靜觀看，所以一切的起起伏伏，所有的人生大事，彷彿像是發生在別人身上的遭遇一樣。

說來好笑。大家都認為死後會有「最後的審判」，其實卻恰恰相反，根本沒有什麼「最後的審判」。回顧我的一生，讓我出奇開心得不得了，因為我全然接納自己、以及我所做過的一切。要是我當初在世的時候能夠保持這種態度，那就太好了，但我覺得自己的悟性沒那麼好，想要在世得道，必須得像佛陀那麼厲害。

如今一切看起來都比當時的情景好多了，彷彿我現在正在嗑某種藥一樣，但不是我以前使用的那些毒品，它非常純淨，而且效果更加神妙，完全沒有副作用。哦，而且不是違禁品（笑）。

我覺得，這所謂的藥，其實就是聖顯與祂的近親，那些高靈。為什麼我會這麼說？因為，此時此刻，我十分確定在這個空間之中、有神靈圍繞著我：睿智、仁慈、經過高級演化的生物，慈愛守護我的身處之地。還有，妳要記得，當妳想到愛的時候，妳使用的是人類的思維，完全比不上這種愛的真正無上本質。

我想，當妳得到真正的愛，某人對妳付出毫無保留的愛，妳就能夠感同身受，體會到那種愛的方式，毫無保留。

比利滔滔不絕，我也再次浸淫在他那個世界的光亮與能量之中，忘卻了自己的所有憂慮。過了幾個小時之後，它的效果全然退逝，再次面對生活中的繁瑣小事，並不容易。我像是太空人一樣，難以重新適應地心引力，世俗的拉力讓我為之消沉，我覺得自己成了失能的外星人、無法適應這個世界的生活。

那天下午，我待在廚房，比利對我輕聲細語：

讓我看到錢。

現在他已經知道，在大白天對我低聲說話，我的反應不會像先前一樣那麼驚懼。

打電話給泰克絲，說出「讓我看到錢」。

我猜我哥指的是他先前盼望我交給她的銅板，只是我到現在還無法決定要送出哪一枚。

「泰克絲，」她一接起電話，我就劈頭問道，「比利要我轉告妳一句話：『讓我看到錢。』妳知道是什麼意思嗎？」

她愣了好一會兒，然後哈哈大笑。

「今天早上，我帶著狗兒們去海邊散步，當時我正好想到了比利。」泰克絲稍作停頓，「其實，我還與他講了話。至於我們說了些什麼，我只能保密，但我要求他必須顯靈給我看。真的，我本來不打算告訴妳這些事。」

泰克絲吸了一大口菸，我靜靜等她說下去。

「我回到家，洗澡，然後，好，怪事發生了……」

「嗯……」

「是這樣的，我想到自己的小說，於是我拿著毛巾、在鏡子前跳舞，不斷重複著同一句話：『讓我看到錢，讓我看到錢……』」

我現在已經完全講不出話來。泰克絲哈哈大笑，但我的反應是困惑，完全不覺得有趣，現在的狀況並非只是我聽到比利講話而已，其實，這一點已經夠奇怪的了。比利與我之間的對話是一回事，但比利還把別人扯進來——泰克絲與J.B.，還有我的寫作課，這又另當別論了。他為什麼要這麼做？

審判日不會來臨。
只要全盤接納自我和過往行為，
回首自己的人生也是一件快樂的事。

第7章　結局沒有正確答案

……仔細省視人生

幾天之後，比利喚醒我，他講話速度好急，我完全跟不上。「講慢一點，」我大聲回他，同時把紅色筆記本放到一旁，「我得要打電腦，我寫字的速度沒那麼快。」

我的電腦放在落地玻璃門前的書桌，坐在那裡，可以讓我看到外頭的樹梢與大片天空。我現在的位置盈滿自然光，比利的聲音更顯得神秘迷人。我可以透過光禿禿的樹枝空隙看到天空，比利的聲音就是從那個方向而來，親眼見識到比利效應，也讓這個世界變得格外燦亮。

親愛的，早安。來聊一下促成我們合寫這本書的緣起吧，我只需要將全像圖的那一段放大檢視就行了。不用擔心，我知道那次的拯救任務是一段惡夢，但我會讓它變得趣味橫生。

嗯，起初我失蹤了——是多久？五年前吧？我跑去了瑪格麗塔島，委內瑞拉的絕美仙境，準備在那裡經營運動博弈賺錢。比爾．寇恩變成了比利．芬格斯（意思是手指），我之所以挑選這個名字，是為了紀念我十六歲時在婚戒工廠打工時、被不慎切斷的某段指尖。妳一定記得——都是因為那場意外，讓我初次接觸到得以暫時解除痛苦的那個世界，明白了箇中滋味。

五年前，比爾．寇恩一直是設計師老婆與有錢朋友交際時的隨身吉祥物，但他厭倦了自己的計程車司機功能與改過自新的毒蟲角色。他沒有什麼計畫，但還是直接向美麗妻子道別，離開了他們位於曼哈頓上東區的百萬美元合作公寓，奔向委內瑞拉，成了比利．芬格斯。我逃離了家鄉，正如同我小時候逃離母親一樣。

雖然在我年少惹事生非的那段時間當中，每次出手救我的人都是媽媽，不過，打從我一出生開始，我們的關係就十分緊張。這就是人性的問題，不能只單看其中一面而已。

其實，應該說在我出生之前，媽媽和我之間就出現了問題。媽媽剛懷我的時候就開始出血，狀況相當嚴重，甚至讓她開始覺得我想要在子宮裡殺死她，所以後來也培養出她那種「在這寶寶殺死妳之前、先殺死他」的心態。

醫生們診斷之後的對策就是臥床安胎——就是得一直躺在床上——再加上注射針劑讓她平靜下來。在那個年代，他們並不知道，給孕婦注射嗎啡其實並不太恰當，因為它會造成未出生的嬰兒就此成癮，所以，你也可以說我早在娘胎時就嗑得很嗨了。

反正，我躲到了瑪格麗塔島的熱帶海岸，胸懷快速致富的計畫。不過，最後卻事與願違。

現在，我已經死了，看到了引發那場救援任務的整起事件經過，看到了妳坐在妳家附近的海灘，也就是我失蹤三年後的那個六月的某一天，妳坐在毯子上面，眺望海洋，心裡好納悶，不知道我為什麼會變成這個樣子，而且妳還心想：「我還是不要知道答案比較好。」

然後，妳閉上雙眼，似乎在作夢。夢到我沿著地平線徐行，腳步遲緩疲憊。我的靈魂開始飄升，巨大莊嚴的身影離開了衰殘蒼老的肉身。妳手握探照燈，將光束投射到海洋的另一頭，默默祝福我。現在，既然我死了，這段過往我都看得一清二楚。

對了，等到妳死了之後，看到自己的全像圖，妳將會對一切了然於心——誰愛妳，誰恨妳，他們為妳做了什麼事，又在妳背後搞什麼鬼。我之前告訴過妳，妳在這裡會花許多時間觀看自己的在世歷程，所以，一定要記得從事有趣的活動。

妹妹，我有另外一個秘密要告訴妳。世間事沒有標準答案，有的結果比較幸福，有的就沒那麼幸福，但重點並不是幸福的比重，而是它的音樂性。大多數的人都過著音樂性不足的人生，我很幸運，因為我的一生是場搖滾歌劇。

妳的那個夢境——將光束映向水面、照亮那個又病又老又嗑藥嗑到茫的哥哥——結束了之後，我做了什麼？第二天，我打電話給媽媽，雖然我已經失蹤多年，媽媽依然秉持她一貫的教養風格，叫我不要再打電話煩她，而且立刻摔我電話。媽媽對付我真的很有一套，這感覺就跟小時候一模一樣。

既然我現在死了，自然也就知道媽媽後來立刻打電話給妳，她歇斯底里，充滿了罪惡感，還老實說出她在電話裡對待我的態度有多麼惡劣。媽媽這一生因為我而痛苦萬分，這一點毋庸置疑。我已經走投無路，只能在一個禮拜之後再打給她，然後，她把妳的電話號碼告訴了我。

感謝老天，我妹妹依然願意和我講話，甚至是充滿期待。那個漂亮聰明的棕髮小美女，身著粉紅短裙唱歌跳舞，總是成績優異，而她的哥哥，「比利小子」，卻放火燒了學校餐廳。

多年之後，妳接到電話，聽到我的聲音，開心得要命，只不過我嗑藥嗑得茫茫然，不斷哭泣，全身癢得要命。我已經進了地獄，而下一站只會更加悲慘。要是我不趕快離開瑪格麗塔島，最後就會進入監獄，不然就是瘋人院，反正就是我永遠無法脫身的地方。

妳匯錢給我，讓我買機票，但我卻把這筆錢拿去買其他東西了。

我真的很想要離開那裡，但我卻沒有一般人的行動力，無法搭上飛機。每個人都告訴妳，我處於自我陷溺的狀態，而妳卻擔心我的狀況恐怕更糟糕。

比利開始說起拯救任務的事，讓我不是很高興。也許他現在已經能夠透過身後的全新領悟視角、予以放大檢視。但一想到那段過往，卻依然讓我痛苦不堪。

兩年前，比利在瑪格麗塔島瀕臨崩潰邊緣，我躺在床上，因為繫念比利而心神不寧。我沒辦法做任何事，只能等他打下一通電話過來，有時候會相隔好幾天，有時候則是天天打來，每一次的狀況都越來越糟糕。

「安妮，我快沒命了，全身癢得半死，一直有焦慮症，妳一定要想辦法把我救出去。」

「比利，要是我不知道你在哪裡，我哪有辦法救你出去？」

「我不知道我在哪裡，我只知道自己快癢死了，不要讓我癢死在這裡！」

我找了許多專家求解——心理治療師、毒癮諮商師、戒癮機構的工作人員，他們一致認為比利在耍我，真正的目的是要騙錢買毒。要是他有意願，當然可以自己回家。

然後，我夢到了爸爸從天堂降臨返世，挖了一個棺材形狀的洞。他把鏟子丟到地上，面向我，搖搖頭，似乎十分憂慮。他表情哀傷，充滿悲戚，對我發出警告，災難即將出現，比死亡更可怕的事件。我醒來的時候，全身盜汗，我知道爸爸挖掘的是比利的墳，而我必須要想辦法讓他離開瑪格麗塔島，越快越好。

事物的結果是沒有正確答案的。

第8章　不用在意別人的看法

……人在出生前已註定今生命運

一想到拯救任務就讓我焦慮不安。那天晚上，惡夢讓我頻頻嚇醒，當初比利被困在瑪格麗塔島的時候，我也是驚夢連連。

早上醒來，我去星巴克喝了杯兩倍濃縮咖啡。陽光耀眼，空氣中洋溢著一股春天的熱情氣息。我開車回家的時候，天空的某個地方似乎變成了淡藍色，然後，我聽到比利的聲音從那裡傳來、穿透了我的擋風玻璃。

打電話給泰克絲，告訴她要喝綠茶。

這是我第一次在家裡以外的地方、聽到比利對我講話。要不是因為那片亮色天空射出光束，落在我的頭頂上方，讓我感受到那股熟悉的歡欣氣息，我可能會被比利嚇得半死。

現在就打電話給泰克絲，叫她喝綠茶。

我撥打泰克絲的手機。

「剛才比利又開口請我轉告妳：『喝綠茶。』」

泰克絲倒抽一口氣，我聽得清清楚楚。

「我剛從針灸師那裡回來。他說我的身體充滿毒素，不能繼續喝咖啡。你也知道我離不開咖啡，我正在想：『那我到底該怎麼辦呢？』」

我結束通話之後，不禁心緒一震。比利的這些密語——沒有兒子就沒有陽光、讓我看到錢、喝綠茶——這都是比利先前承諾示現的「證據」。這些根本無法解釋的巧合，其實是為了要向我證明他的存在真真確確。

我一到家就立刻衝向電腦，仰望玻璃窗外的天空。「好，比利，我知道了，你的確存在，但你可不可以告訴我，你到底是怎麼弄出這些證據？」

還是一樣。比利是否會開口，從來就不屬於我的控制範圍。

嗨，妹妹，老實說，要不是因為我癢得要死，我也不會從瑪格麗塔島打電話給妳。我在那裡一直過得很爽，至少，之前是這樣沒錯。

那時候，我一直在賺錢，收錢。比爾．寇恩是瑪格麗塔島某一地盤的老大，來自布魯克林區的猶太男孩，居然能夠逼大家繳交賭債，很難令人置信吧？嗯？

我們來世一遭，本來就會涉足各種千奇百怪的人間事——從人類觀點來看、毫無邏輯可言的那些事物。所以，在你嚴厲批判別人之前一定要先想一想。許多人對我嚴厲批判，但我只是在處理自己天生註定得探索的各種狀況而已。

當時我的同居人是美麗年輕的艾蓮娜。她那時候應該是二十歲吧，而我呢——哦，年紀幾乎是她的三倍，而甜美的艾蓮娜一直以她的柔軟小翅保護著我。

我一直不喜歡喝酒喝太兇，但到了那個時候，我沒錢買毒，乾脆讓自己喝得爛醉，放任自己眼睛變得濁黃，牙齒蛀爛。我再也不在乎任何規範，也不管前途與後果。

先樂後苦。噁心、焦慮不斷襲來，頭髮一撮撮不見了，接下來是最精采的部分——癢到不行。那些疥蟲鑽進我皮膚裡面，我完全渾然不覺，我已經喝到整個人都麻痺了，過了許久之後才發覺渾身發癢，而那些蟲子早就不知道鑽到哪裡了，醫生也根本無法辨識是哪種蟲。牠們在我身體各處攻城掠地，盡情展現牠們獨特的可愛小舞步。

這麼多年來，我從來沒有經歷過比這些蟲子更可怕的煎熬。牠們是上帝之蟲還是魔鬼之蟲？是害蟲還是益蟲？或者兼而有之？很難說，但我十分確定的是，因為這些蟲造成我癢癢難耐，逼得我只好打電話回家求救，現在我知道當初要是依然待在瑪格麗塔島的話，當地黑社會早就準備要好好伺候我了，鐵定會拿出某些我從來沒見識過的厲害招數。我這一生逃過了不少劫難，在他人眼中看來，我這輩子過得不是很順遂，但我倒覺得這是段有趣的冒險歷程，我之前說過了，這是我的宿命。

而我在委內瑞拉搞出的麻煩，則是另一段故事了，反正黑道就是準備把我逼死。都是因為妳的愛與決心，把我從鬼門關前拉了回來，妳是我的英雄。許多人對於妳出手營救都大表不以為然，他們想要為妳貼上不是很好聽的各種角色標籤：可悲的受難者、拖累症患者——還有，這個是我最喜歡的，傻瓜——因為妳居然想要拯救我這種毒蟲。我真盼望當初有機會能夠告訴妳這段話，但現在還是可以說出來。對我來說，妳是慈悲之神，純淨又善良。

親愛的，我要告訴妳另外一個秘密——待在靈界的大哥直言忠告。不要太在意妳在別人眼中的形象，他們總有一天會了解妳，妳只要在這齣宇宙大戲中演好自己就夠了，不過，親愛的，千萬不要忘記，由妳自行選擇適合自己的路，不要讓別人分派角色給妳。

哥哥在南美毒品氾濫國家慘遭綁架勒贖的強烈預感，讓我義無反顧，一定要找到他。我花了兩個月的時間、拚命想要說服比利搭機離開瑪格麗塔島，我絕望至極，為了要讓自己好過一點，我去找奧加，哥倫比亞籍的美甲師，幫我的腳趾塗上鮮紅色指甲油。

「妳是怎麼了？」她問我，「臉色好難看。」

我不加思索，把事情經過全講了出來。奧加平常個性強悍，她思索了好幾分鐘之後，終於開口：「我認識一個人——真正的大哥。他可以找到妳哥哥，要付錢就是了。」

我盯著她不放，這也算是某種綁架。太棒了，我之前怎麼都沒想到這個方法？

那個哥倫比亞人開口要一萬美金，就能找到比利、把他帶回來。現在，我準備展開行動，也想到更好的解決之道。我可以派我的好友兼冥想同修，古魯．蓋伊，出身布朗克斯區的猶太男孩，請他過去一趟，他是南美旅遊的專家。

「比利，我派人去找你了。」

「不會吧！真的假的？我簡直不敢相信！天，趕快！我快死了。我不想死，可是我全身癢得要死。」

「你在哪裡？趕快告訴我，他會過去接你。」

「我沒辦法，安妮，沒辦法。」

「為什麼不行？你快把我給逼瘋了，我這樣會受不了。」

「安妮，我不能回家。我現在看起來十分憔悴，頭髮全掉光了，全身浮腫鬆垮，就像是爸爸在癌末瀕死前的狀況一樣。」

現在我明白了，比利的模樣一直很俊朗，他依然很愛面子。

終於，那股奇癢戰勝了比利的虛榮心。計畫如下：古魯．蓋伊飛到瑪格麗塔島，比利要自己想辦法到機場，兩人搭乘同一航班回到邁阿密，我會在那裡與他們會面。要是比利沒有現身，古魯．蓋伊就會展開搜索行動。

第9章 體驗才是這世上最重要的事物

……體驗是自己選擇的

現在天氣逐漸回暖，我開始在想，也該好好處理比利的骨灰了，那個紫檀木骨灰盒一直放在我的壁爐旁邊，已經將近有三個月之久。

比利生前總說他想要被火化，然後將骨灰撒落在大海。我突然有一股衝動，想要把他的骨灰帶去我家對面的海灣，如此一來，我們依然可以保持親近彼此的距離。

我一身素白，就像是東方人舉行葬儀時的穿著一樣。當我把比利的骨灰取出來、倒入紅色真絲刺繡小包裡之後，讓淺灰色的斑駁骨灰從指間流瀉而下。比利的餘燼啊，裡面有白色的小硬塊，很可能是骨頭，還有一大塊金屬，看起來像是牙橋的零件。我穿上外套，走向海邊，天空湛藍無雲，而且風向也十分配合，正好吹向海面。

我伸手要抓骨灰，天空的某處突然變得特別明亮，我聽到了比利在講話。

親愛的，那裡太冷了。

我開口問道：「什麼？」

太冷了，海水太冷了。

我站在原地不動，不知該如何是好。「喂，你可以在我還沒出門之前就講出來啊。」

這樣好了，妳只要撒一點骨灰，馬上就能夠體會我的感覺。

我抓了一把，將它撒向大海，比利也在這時候對我說道：

世界是妳的牡蠣

世界是妳的牡蠣

妳是珍珠

也是牡蠣

我不知道那些話到底是什麼意思，但聽了之後卻讓我心情清朗。我回家之後，覺得比利依然在我身邊，所以我乾脆直接坐在電腦前面。

謝謝妳，今天早上把我的一部分骨灰撒向大海。雖然我不情願，但我覺得好多了，真的，因為妳懷抱滿心的愛做了這件事。

我還在人世的時候，經常把這句話掛在嘴邊：打從出生的那一天，就是我生命的終點。現在我覺得很懊悔。說穿了，因為我總是壞胚子，而妳總是好孩子，而且爸爸好愛妳！媽媽比較愛妳，沒差，但要是爸爸也這樣，那問題就大了。家庭問題是第一個導火線，也是最嚴重的問題，所引爆的威力十分強勁，而我對妳的妒意正是關鍵因素之一。

世間有許多「誰比誰優秀」之類的問題，而且人們總是因此而感到痛苦萬分。這是馬雅，或是所謂的幻象，施展魔力所設計的一款遊戲，意圖讓大家過得不開心，這正是馬雅幻象的目的之一：製造人類災難。

不過，我會從這樣的角度看待它，每一個靈魂都能夠以各種美妙的方式、展現獨特的一面。在這條進程軌跡當中，有的人就是能夠遙遙領先別人，這也沒什麼。

既然我已經死了，我也終於明白當乖寶寶一點也不好玩，總是得要收拾全家的爛攤子——而且我們家總是搞得亂七八糟，這一點毋庸置疑。而我是受到大家注目的那一個，不是嗎？我是永遠的焦點，原來這才是真相！

儘管如此，妳對我的愛卻始終如一，對吧？剛開始學步時、搖搖晃晃慢慢朝我走來；為我寫短歌；仰望著我，彷彿我是妳一個人的詹姆斯・狄恩。而我又做了什麼？我幾乎不甩妳。好，我現在不會這樣了，我要好好彌補錯失的過往時光。

今天我送了妳什麼樣的祝福？它不只是我對妳的某種回報，它是性靈的象徵，由於它的能量灌注在妳的生命之中，所以我們才能成就此時此刻，體會它的豐富內蘊。

我看到妳此刻正坐在電腦前面，低泣不止。因為我們之間的這種結局，讓妳傷懷不已。在拯救任務結束之後，我依然被毒癮纏身了將近兩年之久，接下來就死了。妳救了我，但還是沒辦法真正拯救我，這是宿命。在我死前的最後那幾個月，妳告訴我，離妳離得遠遠的。安妮，我是個快要溺斃的人，而且還把妳拖下水。

我已經再也不在乎記憶這種事了，但我現在看到妳坐在那裡哭泣，我想要讓妳知道，某些記憶的意義，遠遠超過了我們在那短暫人世的最後爭吵。比方說，在我的新護法古魯・蓋伊的陪伴下，與他一起搭上那班從瑪格麗塔島起飛的航班，倒在邁阿密的某間汽車旅館，等到我從醉爛昏睡狀態清醒過來之後，看到妳宛若聖母一樣站在我身邊。我離開了這麼久，看到我的小妹好開心，她關心我，拯救我，還準備把我送去醫院，她願意不計一切代價，只求能夠把我從地獄裡拉出來、讓我免於一死。

所以妳正坐在電腦前啜泣，不知道我會不會原諒妳。

也許，真正的問題應該是要反問妳自己，妳願意原諒我嗎？

還有，親愛的，我必須老實說，沒有任何人必須要等待寬恕，因為我們天生註定必須要跳這一段雙人舞，我們不是在演什麼「我前世對不起妳，現在必須要付出代價」之類的劇碼，真的不是。那種以牙還牙、以眼還眼的業障論，冤冤相報是行不通的。至少，我所在的這個地方不是如此。

這比較像是由於人類欠缺理解力、為了提升性靈層次而特地準備的某種試煉，欠缺理解力，正是這個試煉的一大要素，要是人們能夠參悟這個試煉的道理，那麼它的衝擊性就不會那麼強勁，嗯，這麼說來，它也多少算是啟蒙吧。

親身體驗才是人生一大事。

第10章　樹木、天空、友情、愛情，全是創造的奇蹟贈禮

……小小奇蹟

得到了牡蠣內珍珠的開示之後，我想要送給比利一個特別的贈禮。第二天，我決定要把他的骨灰帶到紐約上州的卡茲奇山，那是他一直深愛的地方。在他過世的前一年，他曾經答應要帶我走一趟、欣賞那裡的秋楓。

我把裝有他骨灰的紅色真絲小包放入我的行李袋，開了五個小時的車，入住某間我曾經投宿過的小型溫泉旅館。這裡陳設素樸，還聞得到霉味，但松樹與林景卻十分壯麗。我吃過午餐，再次穿上白衣，把真絲小包放入背包，找了某個高大的山丘往上爬。

到達山頂之後，長了一對巨大鹿角的雄鹿在森林邊緣盯著我，牠那模樣好似神話裡的森林守護神。我怯生生，慢慢走向牠的面前，在距離大約五十英尺的地方停下來。

「我可以把比利的骨灰撒在你的森林裡嗎？」

牠沒有攻擊我，反而一溜煙跑進森林裡。我想，這應該表示沒問題吧。我走到牠剛才站立的地方，打開了紅色真絲小包，就在這時候，我聽到了聲音：

這裡太孤單了。現在不冷，但冬天的時候非常淒寒。

「比利，我開了半天的車才到達這裡，你為什麼不早點阻止我？」

比利沒有回答我，但我可以感受到他的魂氣無所不在，宛若照亮山陵的大片亮霧，我走回飯店，骨灰依然放在我的後背包裡。沿路上的簡陋房舍宛若魔幻小屋，大家的臉龐都綻放燦光，美麗動人。我決定待到明天中午，也預約了早上的時段做按摩，師傅名叫文森。

比利逃往瑪格麗塔島之前，他曾經當過按摩師，這是他的專長之一。我從來沒有看過哪個人擁有像比利一樣的巧手，而這是他之所以鍾愛比利．芬格斯（意思為手指）的另一個原因。

我在燈光昏暗的房間裡小憩了一會兒，醒來的時候，發現我哥哥正在等我。

非常感謝妳帶著我的骨灰到達聖山，讓我倍感榮幸。這個地方充滿了創世的奇蹟，俯拾皆是：樹木、天空、陽光、友誼、善意，還有愛。也許今天我可以給妳一個小小的現示，小小的奇蹟，一份小小的美好事物，讓妳能夠與一切美好及奇蹟的泉源結合在一起。

文森是個頭高大的二十多歲年輕人，一頭金髮後梳，擁有神妙雙手。可能是因為文森與哥哥的手感十分相似，所以當他以熱油摩擦我背部的時候，我對他講出了比利的事。就算文森覺得我是個怪人，我也不在乎，反正之後再也不會見面了。等到按摩結束之後，我拉起床單裹住自己，起身挺坐，看到文森正在哭泣。

「我妹妹在幾個月前過世了，突然之間病死，根本還不到二十歲。謝謝妳告訴我比利的故事，我覺得，覺得妳像是她帶給我的某種現示。」

我嚇得不知所措。這是我第一次將比利的事告訴某個完全不認識的陌生人。他不覺得我是瘋子，反而覺得我是信使。

「對，」我想起比利在那天早上所傳達的訊息，「這一定是現示。」

從水療中心走回我那發霉小房間的路途當中，樹林與天空因為比利效應而格外生氣勃勃。想必比利一定做了什麼，安排我與文森的這場會面，而文森的妹妹是不是也參與其中？

我回家之前，窩在餐廳裡喝鷹嘴豆湯，文森在此時走到我的桌前，交給我一個小小的紅色圓形草籃，裡面放了三塊水晶。文森開始逐一解釋，透明澄澈的石英體代表心靈，玫瑰色的那一塊代表熱情，而罕見的深紅色水晶則象徵了血親，宛若兄妹之情。

第11章 永遠保祐你

……持續提出證據

造訪卡茲奇山之後，我在寫作小組裡講出了文森的事。我終於承認，將自己與比利互動的體驗與陌生人分享，根本不是折磨，而是一種贈禮。泰克絲看了我一眼，意思就是「我不早就告訴妳了嘛」。

第二天早上，霧氣氤氳，四月底的連綿雨勢讓大地變得芳香青翠，比利出現了，聲音聽起來懶洋洋，每個字都軟綿無力，尾音拖得好長。

告訴……史蒂夫……不要讓我們……陷入……誘惑。

我打到史蒂夫的辦公室，準備轉達那句話。

「比利請我告訴你：『不要讓我們陷入誘惑。』這什麼意思？」

「我根本不知道他在說什麼，」他語氣急促，「好，我得開會，而且我已經遲到了，等一下再說吧。」

我嚇了一跳，這是我哥哥第一次失準。

過了好幾個小時之後，史蒂夫回電。

「我開會開到一半的時候，有名合夥人講了個故事，而結語的重點是……不要讓我們陷於誘惑，而且他還講了兩次，我差點從椅子上摔下來。妳哥哥的事千真萬確，我再也不會起疑心了。」

等到史蒂夫掛了電話之後，比利又給了我另一條線索。

「泰克絲……巴哈醫生……花精……療法……鐵線蓮。」

巴哈花精療法是一種針對憂鬱情緒的順勢療法，我按下快速撥號鍵，打給泰克絲。

「妳有沒有聽過巴哈花精療法？」

她哈哈大笑，「有啊。」

我問道：「什麼事這麼好笑？」

「等一下我再告訴妳，妳先繼續說吧。」

「好，比利告訴我，請妳要服用鐵線蓮花精。」

「昨天我姊姊才告訴我應該要採用巴哈花精療法，我先前從來沒聽過這東西，現在比利直接幫我開藥方？太神奇了。」

泰克絲和我開始上網研究鐵線蓮，適用的對象是那些寧可沉浸在幻夢世界裡、卻不願面對真相的人，讓泰克絲服用這款花精，的確是對症下藥。

「比利想要讓我知道他在觀察我，」泰克絲說道，「同時也在守護我。」

二十分鐘之後，比利又給了我另外一個處方。

蘿拉……巴哈醫生……療法……馬鞭草。

蘿拉是古魯．蓋伊的女友，他們一直很清楚比利的事，所以我立刻打給古魯．蓋伊，傳達比利的訊息。過了幾分鐘之後，他回電給我。

「我剛才把比利的話轉述給蘿拉了，妳猜怎麼著？我打電話的時候，她正在健康食品店尋找巴哈博士的治療花精，然後呢？她手裡拿的也剛好就是馬鞭草的玻璃瓶。」

在同一天之內，接踵而來的這些證據，讓我覺得自己彷彿置身在仙境之中——比利特別為我所營造的隱形真實世界。我穿上黃色雨衣，開車前往附近的某座漁村，坐在殘破的木椅上，遠眺海洋。

我最後一次見到比利是七月。那時候，我們就坐在這張長椅上面，喝咖啡，吃甜甜圈。前一年的夏天，古魯・蓋伊把比利從委內瑞拉救回來，他從佛羅里達州飛過來看我。我們進入某間甜甜圈店內，他幫我選購甜點的時候，我嚇了一跳，原來他居然還記得我喜歡的糖衣口味，是香草，而不是巧克力。我好愛坐在大哥身邊，一起觀看海浪席捲而來。現在，我雖然一個人獨坐雨中，卻依然感覺到他就在我的身邊。

第12章　放開自我意識，心情會變好

……跟宇宙融為一體

比利沉寂了好一段時間，我繼續過我的日常生活，但偶爾還是會感應到他的存在。當他再次現身的時候，幾乎已經快要進入六月了，而他的聲調變得截然不同，悠緩、朦朧，令人昏昏欲眠，彷彿在非常遙遠的地方對我講話。

我知道自己今天的聲音很奇怪——遠渺，而且好像喝醉了一樣。小可愛，千萬不要害怕，我沒有嗑藥（笑）。只是位置變得更遙遠了。現在，這裡只有我自己，不過，是一種很舒服的孤單感，和我在世那最後幾年的孤零零狀態完全不一樣。

人死掉之後，將會花許多的時間，獨自探索自我小宇宙。妳相信嗎？自己就是宇宙。不過，社會教導我們的卻是另一套截然不同的理論，全都是限制。安妮，相信我，妳所需要的一切，已然存乎妳心，而妳自己的真正面貌，遠遠超過了妳的理解範圍。難怪被擠壓在人世的生活體驗，偶爾會讓人痛苦難耐，我就是一個很好的例子。

我被上帝的快遞服務員撞到是什麼時候的事？差不多已有四個月了吧？

我原本以為自己的全像圖會讓我百看不厭，但是，經過了一段時間之後，我豁然開朗，所有的路徑終將帶引我到達同一個地方——當下的這一刻，在天空漂浮，與回頭顧盼前塵往事相比，現在實在好玩多了。我覺得我的全像圖一定具有某種內建的自毀機制，因為當我逐漸失去興趣之後，那些影像也消失無蹤。

當最後一個畫面消散之後，不知從哪冒出的超級燦亮藍白色直光，射入我身處的場景之中。那道光束大約是我身材的十倍之大（其實我在這裡沒有具體的身形，但妳應該知道我的意思），我覺得那像是波狀電流的曲狀長柱。主光體又伸出好幾個螢光色的分枝，宛若手臂一樣，朝我的方向撲來。這道光似乎很友善，看到我十分歡喜。我見到它也心覺親切，但我不知道該怎麼應對才算得體，所以什麼也沒說，也沒有做出任何舉動，我想反正主導權也不在我這裡。

妳可能會覺得很好奇，為什麼我一看到有發光觸角的巨光，反應居然是好親切？我雖然不知道那是誰或到底是什麼，但對方充滿善意，實在不需要害怕。我想那一定是一直在附近徘徊的某位高靈。也許我只能看到他們的這種形貌，或者這就是他們的形貌，實在很難講。

我只能說，這些高靈似乎具有聖顯者的獨特屬性，祂是盈滿宇宙每一個角落的無限之光，我們所能想像的所有美好品德，祂一切俱足。圓熟的智慧？有。溫柔慈悲心？當然。廣大無界的博愛？毋庸置疑。只要是屬於善之範圍的特質，都存在於那道光之中。而這些高靈則不太一樣。他們更獨特、更具有個性，就像是聖顯聚焦、從稜鏡穿透而出，而那些五彩繽紛的光束就是高靈。

反正，那個光狀生物開始逐漸接近我，透過自己的磷光臂膀、散發出類似電流般的能量。我之所以會用電流作為比喻，倒不是因為它會帶來痛楚，而是因為它讓我感到震顫。現在，從高靈發散而出的那種仁慈與諒解，也從我自己的內心源源而出。自從我進入靈界之後，我從來沒有這麼愛過自己，我想，這等於是告訴我們，就算是靈魂也會發生改變。

要是世間有什麼事真的值得好好努力，那就是要探索對自己的愛。我之所以使用「探索」、而不是「學習」，正是因為學習暗示了一切必須從零開始，但其實我們早就開始愛自己了。當我們呱呱墜地之後，健忘症開始發作，遺忘了自己的美好，誤以為自己必須要想辦法爭取被愛的權利。但明明是早已屬於自己的東西，又得要怎麼去爭取呢？

我與「光靈」的這一場邂逅，也讓我的旅程推升到全新的格局，也就是我現在所身處的這個階段：跟宇宙融為一體。那股震撼電流讓我飄升、延展，擴散到了全宇宙。我的體內與四周充滿了星辰、月亮，還有星系。某種機制正在運作，我的內心彷彿有一座巨大的光波彈珠台，而那股悸動的感覺讓我越來越舒暢。

提到跟宇宙融為一體——雖然我使用了這樣的詞彙，但其實表達得不算很精準——我要是能夠放下更多的所謂的自我，感受就會更加強烈。當我越來越融入那股宇宙能量之後，我不禁心想：「再這樣下去，我馬上就要失去自我了。」但感覺很愉快，所以我一點也不在意，乾脆就整個放手，盡情融入。然後，妳瞧，我依然是我，但變得更加喜樂，所以我現在的聲音才會變得如此飄渺。

跟宇宙融為一體，也讓我明白了另一個世界不可捉摸的本質，還有我是如何冒險進入妳可能會稱之為「源頭」的領域。恕我口拙，我只能告訴妳，萬物的中心有一股能量，某種無形的物質，筆墨難以形容，我只能姑且稱之為愛。哇，親愛的妹妹，我好喜歡這種愛，它的感覺真棒。妳難以想像，真的不可能，妳絕對沒辦法體會的。

我猜一般人要是經歷了這樣的過程，也不會把它講出來，純粹只是體驗而已，但誰知道呢？誰知道妳為什麼能夠聽見我說話？在我死掉之後，我看得見妳，也看到妳心中所有的苦痛，我開始講話，想要讓妳的心情好一點。妳居然聽得見我的聲音，真是太意外了，其實我和妳一樣驚訝萬分。既然說到這個，我馬上就要送妳一個驚喜。

聽比利講話不是那麼容易，他彷彿像是一個麻醉藥效剛退去、或是從熟睡狀態中醒來的人。雖然他聲音微弱，但字句之間卻洋溢著前所未有的狂喜。

我拿了毛毯與幾個枕頭、把它們鋪在我臥室外的平台區。微風習習的清晨，依然可以看到月亮。比利在天上發生了這一切，身處人間的我，是否也可能有同樣的際遇？

我想要跟宇宙融為一體，就像我哥哥一樣。凝望萬里無雲的無垠藍空，人生不知何去何從的困惑也會逐漸消逝不見。也許我不需要當獨特的人或得到特別成就，也許我可以放下那些定義自我的一切方式，搞不好順勢而行也無妨。

電話響了，破壞了我的美好興致。來電者表示，我的冥想導師正在準備某個要對全球播放的節目，想要使用我的兩首歌曲，對方詢問我是否願意授權。多年前，我將自己的作品

CD寄給我的老師，但我從來沒想到會因此而得到回饋，果然是一大驚喜！又被比利說中了。

我的內心充滿疑問。比利到底是怎麼預知未來？能夠知道多久以後的事？可以看透我的一生嗎？是否可以影響未來的事件？所謂的比利，會不會純粹只是我的超級通靈力？這些問題似乎讓我掙脫了地心引力的牽絆，我覺得自己彷彿像是空氣一樣輕盈。

很難用言語來形容什麼叫「跟宇宙融為一體」，
那種感覺就像是我越放開自我意識，
心情就會越好。

第13章 任何苦難病痛都進不了天堂

……與懷念的靈魂相遇之事

第二天早上，我的心情又陷入低迷，不過，雖然現在情緒起伏不定，但這樣的代價卻讓我覺得心甘情願，我迫不及待，想要再次聽到比利的聲音。日子一天天過去了，完全沒有任何徵兆，他消失了嗎？還是他的聲音變得極其微弱？我再也聽不見了？

十天之後，拂曉時分，我看到床鋪上方出現了橢圓形的藍光，徘徊不去，我知道比利來了。我全神貫注盯著那道光，不久之後就聽到了他的聲音，現在更顯得軟綿無力。

聽得見我的聲音嗎？我知道自己的聲音聽起來變得更加遙遠，但要是妳保持專注，依然可以聽見我所講的話。

我現在好懷念過往，死後不免會產生這種愁緒，懷舊的傷痛。不過，現在已經沒有神經痛、關節痛、纖維肌痛，在天堂裡，其他的煩人疼痛都沒了，我剛才是不是講出了天堂？應該沒錯。

我一直在獨自漂浮，享受跟宇宙融為一體的快感，然後，妳猜怎麼了？英格麗也出現了，我的第一任妻子。我實在無法表達我的喜悅，其實，光是這個字詞也無法描述我第一眼看到靈魂形態的英格麗的時候、所體驗到的悸動。我們在世間的最後一次相見，她已經是癌末病患，必須靠嗎啡止痛。

英格麗現在也跟宇宙融為一體，她的日月星辰的座向排列宛若女子身形，表現出嬌媚的愛之舞姿，當她的宇宙在我周邊繞行的時候，她不斷來回搖動她美麗的閃星屁股。英格麗一直是魅誘高手，看到她的這種情態，讓我差點想要再次投胎返轉人間，真的差點就動了心。

當我一看到這個漫舞的宇宙，我立刻就知道是她。我想，每一個靈魂都有其獨特的質性，妳要是與某人關係親密，無論他們出現的形貌是什麼，妳一定可以立刻認得出來。

英格麗的靈魂不能說老，也不能說是年輕，可能就像是大家所說的凍齡吧。當她靠近我的時候，我看到她宇宙中的那些星體反映出她不同的面向與故事，一生中的所有年齡與階段，盡顯無遺。

在某一星體之中，我看到有個天真可愛的金髮小娃在海灘挖沙；在另一個星星裡，衣著清涼的少女英格麗在賭城舞台上跳舞。天，她美呆了。還有個星星映照出她因古柯鹼毒癮而痛苦不堪，另一個則是她在坐牢，我發現她就是在那裡學壞了。然後，出現了我最愛的英格麗的模樣，我的性感撩人的瑞典新娘，以綠色大眼凝望著我，簡直把我當成了她的全世界。星體裡也可以看到她暴躁易怒的母老虎模樣，但現在已經融入宇宙之中，所以看起來也沒那麼恐怖（笑）。

透過這些不同面向的英格麗，閃顯出她的靈魂，而她的靈魂，當然，是我看過的美好極品。當我們在一起的時候，我根本不知道她神聖高貴的這一面。

如果妳得忙正事，那麼觀看人們的靈魂，很可能會嚴重拖累進度。要是人們能夠看透彼此的靈魂，那麼這整個世界恐怕就停擺了。想想看，妳進入某間商店買東西，收銀員的靈魂讓妳一看就是好幾個小時，整個人都傻了；又或是妳看到所謂的仇敵的靈魂，很可能會愛上他們；還有呢？要是妳緊盯著深愛對象的靈魂，就像是我凝望英格麗一樣，那種感應的強度怕會讓妳的餘生都報廢了。妳現在應該可以了解，要是在世間能夠觀看靈魂，為什麼會成為一大問題，這樣一來人生就會變成一場嬉皮式聚會。

我猜，因為英格麗與我現在都成了宇宙，所以我們已經準備就緒、能夠凝視彼此的靈魂。我們不會向對方提出任何需索，純粹就是四處浮飛，享受光之美好。沒有話語、沒有牽絆、沒有要求，只是在光中飄遊的兩個宇宙。

我們是宇宙嗎？上網查一下谷歌吧。

比利講話的速度比上次更緩慢，而且字句模糊不清，我感覺得出來，他雖然依舊能夠與我溝通，但變得越來越吃力。

我開始搜尋「我們是宇宙」這幾個關鍵字，立刻出現了前太空人卡爾．薩根的某段網路影片。他在裡面提到了我們都是從「星質」演變而來，數十億年前，星辰形塑了我們的身體元素，而且，我們對於探索浩瀚星空的欲望，其實是渴望回到我們的宇宙原初。哇！這的確就是比利所說的內容。而且，原來從宇宙而生的不只是比利一個人而已，大家都來自於星辰。跟宇宙融為一體並非只是詩意的畫面而已，它也有科學事實的根據。

任何苦難病痛都進不了天堂。

第14章　在地上的日子像玩遊戲一樣

……思考向外擴散

接下來的那幾個早晨，只要我一醒來，就會看到比利的藍光，但它消失得也很快。終於，那道光線開始徘徊不去，我凝神細看，也聽到了比利在講話。現在我幾乎很難聽出他的聲音，而且音質扭曲的程度越來越嚴重，不過，只要我夠專注，依然能夠明白他所說出的字句。

我們好久沒說話了——是吧？我現在進入了全新狀態，要開口並不容易。我的思緒之間有多處留白，得花一番氣力才能把它們組織起來，但為了妳，我還是努力做到了。要是不花一點心血，又怎麼能算是贈禮呢？親愛的，不要因為我的聲音發生了變化而害怕，我想，我還是原來的我。現在，我在哈哈大笑，聽得出來嗎？

既然現在思緒之間有了空白地帶，對我來說，過往也變得不重要了。要是過去能夠有所不同，很重要嗎？我還能身處在現在的位置，對妳講話，享受我一生中最美好的體驗嗎？其實，我所描述的這段經歷就是死亡。而至於這個問題的答案呢，我不確定。

此時此刻，重要的是我已經被送到了這個仙境，超越了喜樂，超越了人類所能想像的所有美好。與當初剛死去時所進入的療癒空間相比，我現在的愉悅足足多了四億倍。

現在，我待在這個新的高層流對妳說話，我必須要慢慢習慣才行。我得要想辦法連接先前狀態的意識。哇！透過這樣的面向，記憶變得好迷幻，宛若立體聲的交響樂——我一直在苦思某個電腦語彙，想要形容這種感受，是什麼來著？——虛擬，極度逼真的虛擬。但我沒辦法留住那些記憶。它們來來去去，不留痕跡，也不會造成任何影響，死亡真是神妙。

我雖然孤單，但我就是一切。實在難以解釋無思無想的這種狀態，這裡完全沒有我所謂的想望或需求。滿足，遠遠無法形容我此時的心情，因為這個字詞暗示了有所欠缺，而欠缺是俗世的觀念。我知道妳現在也多少能夠體會我的喜樂。想必妳的內心盈滿光亮與療癒的力量。

要記得，親愛的——要牢牢記住這一點。妳在地球上的成就，其實只是整個歷程的一小部分而已。如果我偷偷告訴妳一個秘密，而且妳可以守住不說的話，好，那就是一切都早已存於妳心，妳所需要的每一個項目，一樣不缺。地球只是個中停站，把它當成一種星際遊戲。我希望能夠送妳一份小禮，教導妳要如何身處在那場遊戲之中、但依然保有自由的靈魂，找尋內心的光輝，所以妳可以擺脫各種角色與波折的束縛，所以妳可以在大跳這場生命遊戲之舞的時候，多一點韻律感，多些狂放，多搖一搖屁股。

比利講話速度超慢，我幾乎花了一個小時才把他所有的話謄錄下來。但我也不覺得心煩，現在，已經沒有任何事情能夠煩擾我。我已經準備要將自己的一生當成星際遊戲了，無論它是什麼都沒關係。

那天晚上，大約在七點鐘的時候，我的晚餐吃到一半，就被比利打斷了，他對我發出不尋常的邀請。

到……海邊……與我見面。

我把食物放入冰箱，穿上厚重的毛衣，在車裡丟了條毛毯，驅車前往海邊。清朗無風，星光燦爛，鵝黃弦月高懸天空。

「我要如何讓自己的一生轉為星際遊戲？」

成為……宇宙。

我把毛毯丟在沙地上，把它鋪好，上方的無垠天空有星光閃爍，宛若鑽石一樣。過沒多久之後，比利的現身之力不斷將我引拉上旋，宛若墜入洞裡，只是方向完全相反。我衝向星光，速度越來越快，身體也變得越來越輕盈，消融在空中。然後，我的恐懼感開始湧現，讓我又回到躺在沙地上的肉身之中。

先前我總是以極嚴肅態度面對的那些事物，突然之間都變得不重要了——與宇宙之浩瀚相比，那都只不過是滄海之一粟。現在，比利正在教我什麼是星際遊戲。

在地上生活只是一時性繞路，像玩遊戲一樣。

第15章　不用在意閒言閒語

……光構成的身體，名為約瑟夫的同伴

我還想要知道更多有關星際遊戲的事，但比利卻不見了。這一次，我完全感應不到他的存在，失落感也格外嚴重。

現在是七月初，泰克絲拿到了某本書的合約，沒有時間繼續經營寫作小組，所以大家自然也就鳥獸散了。眾人在海邊玩耍，享受與朋友共進晚餐，參加派對。而我則在天光破曉之際去海邊悠閒散步，在電子合成器前面編寫我的空幻音樂，觀看網路電視上有關宇宙的節目。我覺得不知所措，倍感疏離。我在自己的世界裡沒有強烈的歸屬感，但也無法進入比利的界域。

比利已經完全融入宇宙了嗎？這就是我們死後的結局？我覺得好悲傷，但並不是一開始知道比利死訊時的那種悲愴。與他生前相比，我現在對他的愛反而更加強烈。我知道他也愛我，難道我們在一起的時光就要這麼結束了嗎？

海洋之夜過後的一個月，我在床鋪上方看到了那道藍光。我充滿期待，緊盯不放，果然聽到了比利在講話，這一次，他的聲音十分清脆。

巴拿巴，巴拿巴，來自巴拿巴的問候。

嗨，小公主，這件事一定會讓妳嚇一大跳。他們不只是允許我們寫這本書而已——事實上，寫書是我們的職責。

我四處飄遊，成為宇宙，突然之間，我又被吸入某個身體，某個由光組構而成的身體。當我是宇宙、星辰、月亮以及星系的時候，我壓根沒想到自己沒有軀體。我從來不曾和別人一樣，掛念自己所沒有的部分。因為我十分樂在其中。

我就是我！

我的新軀體的組合成分不是血肉，而是強光。我還是我，但我已經變得截然不同。成為宇宙之後，我確實發生了改變，讓我準備迎接這場大事。我依然狂喜不已，但我的意識卻比以往更清晰、更專注。

所以，我穿著聖袍，而且有一頭豐盈的黑色捲髮，就和我年輕的時候一樣，而且，我也有鬍鬚。這裡沒有鏡子，但我就是知道自己的模樣。我還是比利，但我覺得自己比生前的時候更像自己。我的壞男孩個性似乎轉化成別的性格，當我還活在世上的時候，我那所謂的「惡形惡狀」，其實是我在充滿幻象的星球上、追尋真我的方式。現在，我的叛逆在這裡適得其所，我現在不是小混混，反而成了智者。

智慧從我的內心而出，而且宛若喜樂一樣、朝四面八方傾湧，我並沒有真正的心臟，但它的確是來自那個區域。源源不絕的愛從我周身散發而出，我隨著那股律動在不斷震顫，地球上有這麼多的憎恨！甚至會以上帝之名的形式出現，真是太可怕了！居然以上帝之名散布仇恨。難怪耶穌基督說祂保護弱勢，他們不會對其他人懷抱深仇大恨。

我身處的天空，一片湛藍。這樣的淨藍是我進入這個界域之後、第一次的純色體驗，而且遠遠超過了人類的想像範圍。在地球上，感官各自獨立存在，但這樣的藍不但可以聽得見、聞得到，還可以品嘗與觸摸。

先前，當我還是宇宙的時候，一直待在夜空之中，我的記憶具有穿透性，宛若水彩畫一樣。先前我一直沒注意到這一點，但現在看到了新的顏色才恍然大悟。既然又有了新體驗，所以這裡一定存在了某種時間感，就像是先前沒有肉身，現在又有了新的軀殼一樣。這裡的時間與地球上的時鐘完全無關，到了這個地方，與時間有關的是某種狀態及其改變。這裡的時時刻刻宛若海洋潮水，帶著我一起漂浮，我不需要等待下一次的波潮，因為我已經在浪頭裡面了。

我的全新雙眼仰望上方，看見某道筆墨難以形容的亮光，但絕對不是太陽。如果真的要與我頭頂上方的藍白色巨大光球相比，太陽真的只能算是小兒科而已。我想辦法精確描述一下，它是巨大球體——大到我根本看不到起始點與終點——還有光線不斷投射而出，而它們的亮度與球體不相上下。無論是生前還是死後，這都是我從所未見的美好情景。它帶給我某種感覺，不，應該說是體驗——這裡所產生的悸動是體驗，不是感覺——我期盼的一切都是真的，美夢成真，而且還比我想像中的更完美。

好，我站在這個藍白色球體的下方，某個帶著燦爛笑容的男子走了過來。我之所以使用「男子」這個字彙，是因為要讓妳知道他不是什麼異形之類的物種。他究竟是男是女，對我來說並不重要。他也穿了長袍，看到那袍子，讓我嚇了一大跳，因為那褐色材質看起來像是麻布。截至目前為止，這是我看到最具有人間氣息的物品。所以我猜他應該與妳所處的世界有些關聯。老實說，我不在乎他的長袍，因為他臉龐所散發出的光輝實在太令人震懾了。

我不認識他，但他看起來很面善。而且，我雖然以前沒看過他，但我知道他的名字是約瑟夫。他髮色銀白，我想應該算是長者，但不是老人。他的雙手朝我伸過來，而且盯著我的那雙眼眸是我從所未見的純藍。我知道這種話聽起來老套又矯揉做作，但其實不然。感覺就是很棒，充滿熟悉感。彷彿我剛結束一趟漫長的旅程、有人歡迎我返家一樣，只不過，我歸返的這塊領地，這麼說吧，已經忘了它是如此美好，一切都在熱情舞動。以這種方式描述，的確恰如其分，因為這裡能量滿點，而不是充斥著各種紛擾。

約瑟夫把一本書交到我的手中。其實不能算是書，但目前就這麼稱呼好了。他只是把它交到我的手中，我已經感受到裡面所有內蘊的內容。我備受榮寵，真是何其貴重的贈禮，說贈禮，也未免太小看它的份量了。

安妮，我從來不覺得自己是聰明人。其實，某些曾經教過我的厲害老師，一直想讓我覺得我自己是蠢材。我從來就不是笨小孩，我只是不遵守規範而已。他們想要將自己對生命的詮釋全部餵養給我，卻不願意放手讓我過生活、任由我自己尋索一切。

約瑟夫透過厚厚雲層的某個大洞、低頭望著我，現在，我才注意到下方的情景，看見妳坐在電腦前。我已十分篤定，妳和我合寫這本書，是我們的天命。

我了解，我們一同經歷的這趟旅程，可能在某些時候會讓妳覺得驚懼不已。剛死去的哥哥現身、對妳講話、展現他所在的那個世界，而且還在妳面前安排了多場巧合佈局、證明他的確存在——想必讓妳慌了手腳。

為什麼會發生這種事?因為的確有這種可能性。妳知道哈利．胡迪尼花了好幾年的時間、拚命想與其他次元進行溝通?就是為了要找尋靈界的證據?他是有史以來最偉大的魔術師，但無論是與死者溝通、或是在死後聯繫生者，卻一直沒有成功。他漏掉了關鍵因素——正確的信使、正確的收受者，還有，必須得到這邊的許可。

我知道妳不希望大家誤以為妳是瘋子。我之前告訴過妳了，不需要擔心其他人可能會有什麼想法，這是另一個重要的生命秘密，不要因為妳「自以為」的他人標準、而影響妳如何過日子。妳本來想把這本書寫成小說，就可以規避這個麻煩，不過，安妮，我得要老實說，呈現原貌比較好，因為它是真實的歷程。

能夠站在這片如藍寶石般的蒼穹之中，捧著這本書，真是莫大的榮幸。我一直想寫書，妳不知道吧?我想要將自己在這趟旅程中所獲得的某些智慧分享出去，幫助其他人接觸生命的超自然層次。但我萬萬沒想到我居然會在死後變成作家（笑）。

還有，不要忘記利用谷歌查詢「巴拿巴」，也就是在今天早上妳醒來的時後，我所提到的那個名字。

我目瞪口呆。這是我第一次親眼看見比利世界的倏現畫面，他微光閃動的長袍、約瑟夫忽隱忽現的藍色眼眸，還有，雖然只有千分之一秒，我還是看到了那個藍白色的球體，讓我瞬間明白這絕對錯不了。最棒的是，我看到比利容光煥發的臉龐，目光裡有種看盡一切、做盡一切的壞男孩天使的領悟神態。

我在谷歌裡輸入「巴拿巴」，第一個搜尋結果是這麼告訴我的：

聖巴拿巴（西元一世紀），原名約瑟夫……

約瑟夫！我已經沒辦法繼續讀下去了。我被告知我們得到寫書的核可，第一次真正看到比利、還有聖巴拿巴原名約瑟夫的證據——這一切已經讓我腦袋爆炸。

得到允許，是否意味著我一定得要把比利的事告訴全世界？比利是不是想要讓我覺得自己很獨特，甚至還搬出胡迪尼也做不到的說詞，藉以說服我寫書？我不想成為與死人對話的專家。

生性反叛的人，也不是只有我哥哥一個人而已。

不用在意閒言閒語。
一生別做他人眼中的「自己」。

第16章　光始終在你的體內發熱

……這裡是沒有陰影的世界

自從比利跟宇宙融為一體之後，我知道他就再也沒有辦法直接與我對話了，我必須凝神細看早晨出現在床鋪上方的藍色光芒，否則我就聽不見他的聲音。這就像是在收聽宇宙無線電台一樣——我必須調整到正確的頻率。我下定決心，既然自己還沒有釐清下一步，絕對不要理會那道光。

接下來的那幾天，我都假裝自己看不到床鋪上頭的那道光。然後，某天下午，我一走出大門口就嚇到了，因為我發現比利就在我的上方，某個慘白的透明形體，宛若一團積雲漂浮在空中。他身著白袍，正在閱讀捧在手中的某本巨書，封皮是紅色真皮，就像是他送給我的那個紅色筆記本一樣。是我的想像力創造了這些畫面？或者比利在利用他的新軀殼吸引我的注意力？還有，又是誰給他許可做出這種事？反正，現在對比利置之不理已經不再是我的選項。第二天早上，我看到了那道藍光，讓自己對準頻率。

謝謝妳給我面子，終於願意坐在電腦前、把我的話寫下來。昨天妳在天空中看到我，雙手拿著那本紅色的書，是不是嚇了一大跳？我現在有了新的軀殼，的確給了我某種優勢（笑）。

我該怎麼描述這個藍白色的球體？想像一下，妳自己的太陽在頭上約二十英尺高的地方閃耀光芒，它的體積如此巨大，蓋住了全部的天空。這個球體的組合元素是光線，不是烈火，而且它也不是鮮黃色，當它投射光線的時候，白色軸心就會轉為寶藍色。它的熱力超強，要是一靠近它，鐵定會在瞬間蒸融消失。由於我的新軀殼就是由它的光孕育而生，所以對我來說不成問題。

地球上所有的生物體內都含有這個球體的光，所以精神哲學才會有我們全都融為一體的說法。在我所身處的這個地方，這並非只是假設而已，那個藍白色光體無所不在，到處都看得到——在我的體內，妳的體內也一樣。

當我們進入子宮之後，球體之光會逼迫靈魂進入軀體。然後，它就成為賦予生命的隱性力量。等到出現適當時機的時候，這道同樣的光也會在所謂的死亡時刻、將靈魂推送到那個療癒空間裡面。

好，總有一天，妳會和我一樣，得到從這個藍白色球體之光所生的美麗新軀殼。

然後，我們不再是體內含光，反而是由這道光直接把我們帶入光界之中。當妳進入我所在的居地，某個完全沒有陰影的領域，自然也會遇到相同的轉變。

在妳的世界中，地球圍繞著太陽運轉，有一大半的時間都處於陰影之中，要是欠缺了陰影這個元素，地球的生命之謎也就不可能存在了。有海洋，一定會有風暴；有地球，一定會有地震；有風動，就一定會有龍捲風。在地球上，只要光亮升起，黑暗也隨之來臨……除非是正午時分就另當別論。不過，小公主，人生不可能永遠是正午時分。而且，有的時候——有時候幽暗也很好，千萬不要小看黑暗地帶的豐富內蘊。人生苦短，所以不要虛度時光，隨時都要過得精采——無論妳覺得快樂或陰鬱的時刻都一樣。

一定要記得，那道藍白色的光永遠存在於體內。還有，每天都要提醒自己這件事，餵養它，它會逐漸茁壯。生活順心如意，那道光就會出現，要是出現困頓，那道光也依然會在那裡。

我知道妳會擔心會出狀況，一定的，世事就是如此。我們都可能會承受苦痛，但它只是暫時的狀態。我歷經的痛苦，通往死亡，到達現在的境地，讓我的每一個粒子都感受到慰藉與愛。妳要知道，幽暗只是瞬時幻象，喜樂，終極的喜樂與光，才是更真實有感的存在空間。

親愛的，除了妳之外，我還能把這些秘密告訴誰呢？除了妳之外，這段身後世界的歷程又能向誰分享？除了妳之外，還有誰能幫我寫出這本書？

抄下了這些話之後，我幾乎全身發抖。這次的能量並沒有讓我感受到狂喜，反而讓我內心衝突變得更加劇烈。比利、約瑟夫、還有在他們次元裡的其他人，特許我從事這樣的任務，但我根本還沒有心理準備。但要是我拒絕寫書，是不是就違背了高層世界的祈願？會不會有什麼後果？

我走到外頭，希望能夠再次在天空中看到我哥哥，我很少出聲向比利喊話，但這次不一樣。

「抱歉，比利，」我回道，「但我沒辦法，我不想與你合寫這本書，我被嚇壞了。我也不知道為什麼，但只要一想到你的書會出版，就讓我覺得好可怕。要是大家理當要知道身後事，那麼它也不至於到現在依舊是一大謎團了，對不對？」我的眼淚差點奪眶而出，「抱歉讓你失望了。我喜歡聽到你的聲音，聆聽你的話語，但我沒辦法寫下這本書，拜託，還是要常來看我。」

千萬別忘記，
藍白光始終在你的體內發熱。

第17章 改變想法就能產生變化

……永遠的存在

第二天早晨醒來的時候，我一直盯著天花板，期盼只要出現一點點藍光就好，但什麼都沒有。那天早上沒出現，第二天、第三天亦然。為了要召喚比利來訪，我開始在天光一破曉之後就坐在電腦前面，仰望玻璃門外的天空。

過了一個多禮拜之後，比利再次現身在天空之中，這一次，他的顯像是壞男孩天使。晶光閃閃的玩具光環，就像是我們在派對用品專賣店可以買到的那種東西，歪歪斜斜戴在他頭上，而且還做出誇張的神聖表情。他三不五時就會看一下自己手中的紅色筆記本，擠眉弄眼，彷彿正在閱讀令人拍案叫絕的作品一樣。

比利如果還在世的話，鐵定會在我面前玩這種花樣。雖然眼前的這種景象讓我開始懷疑自己的理智是否清醒，但看到他還是讓我好開心。

接下來的那幾天，只要我在外頭，就會經常看到比利的壞男孩天使現身。我在市中心散步、和認識的朋友聊天、到加油站加油的時候——都會看到他的蹤影，在高空中輕輕哼唱。現場還有其他人的時候，他也會現身，但只有我看得見他，這是我們之間的秘密。

大約過了三、四天這樣的生活之後，我一早醒來，看到床的上方出現比利的光，立刻衝到電腦前，聆聽他的話語。

我知道妳不希望我們的關係成為別人的笑柄，這也是妳遲遲不願公布這些內容的原因之一，對此我深表感激。不過，親愛的，其實沒什麼好保護的，妳說是不是？我們只是把故事講出來而已，要不要相信，就交由他們各自定奪吧。有些人會相信這是真實故事，還有的人會說「可能吧」，但比起「絕對不可能」這種說法，「可能吧」已經是向前邁進了一大步。

地球上的每個人都能獲得永生，但他們並不知道這一點，他們也許多少相信有這種事，但並不清楚這一點。因為它太深奧了，很難參透，永恆並不是人類心靈能夠體會的概念，大家當然可以試圖想像一下，但後來卻會發現完全無法體驗，於是，不免心想：「對，這故事很精采，可能是真的。」但對於自己不明白的部分依然不願相信。這是因為人類腦袋沒辦法體會全部的奧義，它的巨大與真實超過了心靈的理解範圍。

比方說，妳就是一個很好的例子。雖然你已經有了這樣的體驗，但依然不能全盤接受，對不對？為什麼呢？因為妳的世俗觀念壓過了我從另一個世界所告訴妳的現實。親愛的，這不只是一本書而已，我希望能夠幫助妳和其他人擴展意識層次，進行一場量子躍遷。

這句話是什麼意思？好，讓我給妳比利版本的量子說法——只需要幾個步驟，輕鬆了解量子力學。兩個點之間最短的距離是什麼？從這裡到達那裡的最快方式？是直線嗎？其實不是，因為妳已經在這兩個位置了。大家都說我們不可能在同一個時間點身處兩個不同的地方，但他們搞錯了。無論妳想去哪裡，妳都已經到達了那裡，而就算是那些妳不想前往的地方（笑），一樣，妳也已經抵達了彼端。量子移動，需要對自己的目的地全心集中念力。

什麼是量子躍遷？意思就是轉換觀點具有強烈爆發力，妳看待事物的角度很可能會真的引發改變。妳喜歡的那個實驗，薛丁格的貓，其實就是與量子有關。

基本上，它的假設（妳喜歡這個詞彙吧？）就是妳細心觀察某項事物，也會讓它發生改變。

薛丁格的貓——比利的版本

爸爸根本不在乎貓，他完全不想與牠們有任何互動。當爸爸看到貓的時候，眼中見到的只是一個有長長利爪的邪惡生物而已。而妳看到貓，就覺得置身天堂。妳有沒有想過這一點可能會影響到貓？

量子通常適用的對象是次元子粒子，而不是人類。但人類其實是次元子粒子的宇宙，有時候，觀點的轉換會造成粒子跳出另外一種韻律，躍升成為新的現狀。

所以我才會說，觀點成就了一切，好，未必是一切，但大部分是如此。

我已經站在天空好幾天，化身成為天使，希望讓妳對待自身的態度不要那麼嚴肅，可以再次坐在電腦前書寫。對我來說，這幾天就像是無盡的永恆。哇——安妮，仔細想一想，永恆耶。別擔心，葛麗泰．嘉寶，我講的不是人世間的永恆（笑），這個不一樣。

如果妳想要達到量子躍遷，那麼就在我和妳、以及妳的世界當中搭建一座橋。把握機會，將妳的關注焦點轉移到寫書，與我一起歷經這趟旅程。因為，要是妳能夠避開自己內心的無謂煩憂，浸淫在我的喜樂次元，妳就可以與我共舞，體會到妳幾乎難以想像的經驗，讓妳想要一再嘗試的美好事物。不要淺嚐即止，而要大膽嘗試，越來越深入。我們循序漸進，帶妳進入自己的神聖元素之海。

比利現在的行為就跟他生前一模一樣：運用他的幽默感與魅力，得到他想要的一切。他模仿天使的愚蠢模樣的確讓我開始反思，也許，寫這本書並不像我想像的那麼嚴重。以壞男孩天使的姿態在天空中漂浮，這就是比利的喊話方式。「怎樣！沒什麼大不了！不要擔心，過來一起玩吧。」

自從比利過世之後，我變得越來越孤僻。總是一直開著電話答錄機，知曉比利出事的朋友打來，我才會接起電話。對別人而言，反正我現在情緒不正常，怎麼可能會有正常行為？我找到了不需要與人們見面的理由，也許這是因為我的宇宙已經向外擴展，但我的現實世界卻萎縮了，我正在慢慢融入比利的秘密之中。

比利的口述內容結束之後，邀我去海邊。現在我不但可以聽到比利的聲音，也可以看到他的形影，他簡直就像是我的街坊鄰居一樣。

那天好溫暖，還有嘯嘯狂風。我穿上多年沒穿的紅色泳衣，慢慢走下階梯進入海濱。就在這時候，比利出現了，錯不了，天空中的就是他。他再次以天使形象現身，身著白袍，通體發光，全身透明得幾乎看不見，他在我上方揮揮手，不斷為我賜福，而且一直重複這段話：

世界是妳的牡蠣
世界是妳的牡蠣
妳是珍珠
也是牡蠣

我發現四周充滿銀亮光點，雖然我有戴太陽眼鏡，但這股光線實在太強烈了，我擔心等到這場賜福結束之後、我會雙眼失明。我半閉雙眼，態度猶疑，慢慢走過了圓石底的淺水區，進入平靜溫暖的海域。我開始仰漂，緊密雙眼，喃喃自語，唸出自己的新咒語：「我是珍珠，也是牡蠣。」

回到家的時候，我從信箱裡拿了一本雜誌，打開封面。首頁是廣告，某名身穿金黃色長袍的金髮女郎，坐在地板上，斜靠牡蠣形狀的吧檯。吧檯與地板貼滿了廢棄牡蠣的碎殼。那個狀甚疲憊的女子，盯著手中的物品，我仔細一看，發現那是一顆尺寸超大的閃亮珍珠。

改變想法就能產生變化。

第18章　難關與孤獨是和宇宙合而為一的事前準備

……死後的世界也有很多規矩

收到比利的牡蠣珍珠訊息的第二天早上，我醒來時的感覺像是嚴重宿醉。來自比利世界的能量好強烈，讓我嚇了一跳。老實說，我怕的並不是那股能量，讓我恐懼的是往返彼此世界之後的那股衝擊力道。

有過瀕死經驗的人經常表示不想要歸返人間，因為另一個世界的感覺好太多了。

當比利來看我的時候，我也覺得四周充滿了靈氣。不過，我和哥哥不一樣，等到他講完話之後，我必須返回人間，這並不容易。比利全身散發喜樂，我則得了感冒；他身著聖袍，我得要洗衣服；他成了宇宙在四處飄遊，我被困在車陣裡。我焦躁不安，時間分秒過去，我依然不知道要怎麼面對自己的人生。比利身處的那個世界，時間並不會連續飛逝而過，他永遠不需要思考接下來要做什麼。

比利也讓我知道，他的確了解我的這段心路歷程。

每次我的世界顯現出強大力量的時候，妳就會害怕有禍事臨頭。小公主，別擔心，我的世界的光不會傷害妳。

世界有好多個，而且幽魂也有好多形式。妳到哪裡去、遇到了誰，還有與他們在哪裡相會，每一個人的狀況都各不相同。爸爸過世，經過了療癒空間之後，並沒有像我一樣、歷經在宇宙漂浮的階段。他搭上宇宙電梯，又往前躍進了一站，他最後落腳的地方，更接近大家心目中的天堂，我們就把它姑且稱之為「超級世界」。

「超級世界」是一個非常和善親切的環境。那裡所有一切的設計目的，都是為了讓剛死去的靈魂能夠感到舒適自在。他們在那裡所學到的體悟之一，就是要放下某些恐懼——擔心死亡、擔心沒有肉身、擔心受到處罰。大多數的人剛死掉的時候，都極度渴望能與以往在世所愛的人重聚，而在「超級世界」當中，這個願望的確可以成真。

爸爸並不害怕死亡，但他非常期盼能夠見到自己的雙親與三位兄弟，他們全比他先走一步。在爸爸臨終前的那幾個月，癌症已經讓他奄奄一息，他曾經告訴妳，他的爸爸媽媽就在附近，讓他能夠一路好走，不過，他還是承受了極大痛苦。對他來說，他們的確真實存在，就像妳現在看到我一樣。

在爸爸死後，果然以他夢寐以求的那種方式、與他的雙親與兄弟團聚。當人們與自己的老婆或丈夫、親友，甚或是寵物（對，妳可以看到妳的所有貓咪）相見的時候，比世間相見歡還更溫馨。我知道這聽起來很理想化，事實也是如此，因為「超級世界」就是依照人類的理想構築而成。

待在「超級世界」裡的那些人，是不是得等到那些想念他們的親友死去之後、才能繼續下一段歷程？不，不需要這樣。妳也看到了，死後不需要固守在同一個地方，可以同時現身多處。

好，比方說，雖然我從來沒有到過那裡，但等到媽媽過世之後，我就可以在「超級世界」與她相見，給予她一直想望的愛。我在高階領界，可以隨時探視比較低階的各個區域，所以，符合「超級世界」資格的比利就可以與媽媽在那裡相見。這種探訪現象對妳而言應該不難想像。我距離妳有數百光年之遠，但依然可以來看妳——對不對？

除了團聚之外，「超級世界」這個場域還有另一個功能，能讓初死靈魂體現他們生前對死亡抱持的強烈信仰。這就像是逐漸鬆開緞帶捲條一樣，信念逐漸實現，那捆緞帶也會變得越來越薄。一開始的時候，「超級世界」的身後戲劇場景——天使、珍珠大門、豎琴之類的物件——的確滿足了大家的想望。但越來越熟悉這個新環境之後，這種執念也會逐漸變得淡薄。信仰算是某種類似玩具的事物。等到妳日漸成熟，對於它們的幻想也漸漸消失，最後也會被妳拋諸九霄雲外。

信仰是人間的大事，眾人謹記在心。某些的確很有幫助，但有些卻只是讓人盲目追逐別人定下的教條，它們並沒有什麼重要的個人意義。妳要是能夠趁現在審視一下自己的各種信仰、拋卻不適合的內容，那就再好不過了。

每個離世者最終都會離開「超級世界」，在宇宙的擬真螢幕上觀看自己的全像圖。不過，這和地球上不一樣，他們並非以傳統肉眼觀看、也不是透過善惡有別的稜鏡，等到妳準備觀看自己的一生時，許多人類的概念都會被拋諸腦後，開始以神聖顏色的鏡面檢視一切。人類在世的時候，通常很難體驗到自己人生的偉大全貌，他們被許多想法所束縛，也看不見自己生命中的奇蹟。

其實我並沒有那麼害怕死亡，我死掉的時候，並沒有什麼特別想見的人。我也沒有什麼太多的信仰，無論是精神層次或其他方面都一樣。在我的最後那幾年當中，我對一切都失去了興趣，只剩下自己對上帝的渴望，還有生命結束之後、有大事等待著我的強烈預感。我完全放棄了「超級世界」，那裡的確很舒服，但比不上我現在待的地方如此喜樂滿盈。通常大家必須要有心理準備、才能迎接那樣的喜樂，我倒是沒這個煩惱，早已準備進入狂喜狀態。

我為什麼會在地球上選擇這樣的獨特人生路徑，的確超過了人類的理解能力，為什麼有人要走那樣的路？這個嘛，對我而言，我的毒癮可算是人生中最精采的插曲之一，它是極為重要的掙扎過程，就我的狀況來看，迷失自我，反而讓我成了大贏家，當然，我那時候並不知道，但我在地球上所受的苦難卻讓我提前做好準備、迎接未來。

好，大多數的人看過全像圖之後，並不會成為宇宙。但不要擔心，他們還是很好。這裡和地球上不一樣，沒有人想去自己身處之地以外的地方。有些人轉世投胎回到妳的星球，有些人則待在靈界自我修養，準備享受將來化為宇宙的體驗。如果妳沒有做好萬全準備，絕對沒有辦法忍受那樣的歷程。

我曾經是無可救藥的大毒蟲，甚至連賺錢養活自己也無能為力。有誰會想到我也能做好萬全準備、成為宇宙？好，這就表示永遠不要去評價別人的人生，就連妳自己的也一樣。

有時候，正因為處境艱難，所以只好被迫獨自面對狀況，獨自預做準備、迎接成為宇宙的那一刻到來。我的意思並不是要叫大家追隨我的腳步，當然不是。不過，我建議你要透過自己的目光看清一切，而不是以別人的眼眸當成透鏡。讓妳的人生盡量精采，把握機會，追求夢想。

也許這些文字可以讓妳一窺未來的諸多世界與無盡的可能。也許妳也可以開始仔細玩味自己成為永恆、繼續不斷前行的這種概念，也許最後的結果不會和妳期盼的一樣，但它美好燦爛的程度也許遠超過妳的想像。

完成早上的聽寫紀錄之後，我開車到了海邊，多麼美麗的仲夏早晨——青藍色的天空，只有幾朵鬆軟白雲。我沿著海邊前行，微風在我身邊旋繞，我第一次直接開口挑戰比利。

「現在，馬上顯靈給我看吧。」

就在這一刻，我自小養的狗兒，也就是我爸爸送給我最棒的禮物，米茲伊，從沙灘的另外一頭朝我跑來，宛若老友一樣興奮搖尾巴。好，不算是真正的米茲伊，但的確是她的分身，同樣的身材大小，同樣的蜂蜜金黃色狗毛，同樣是獵狐㹴與小獵犬的混血種，有同樣靈動的大眼與濃密的白色睫毛。我彎身拍她，她開始舔我的臉，要是她的主人沒出現的話，我一定會把她帶回家。

我看到了聖顯。

我到家的時候，第四次打電話給那名賓士經銷商，他發誓他早就把比利撞毀汽車裡的東西寄給我了，我忍不住嘆息以對。

誰都不能批評別人的人生。
雖然你有可能遇到難關，或變成孤單一人，
但那些都是和宇宙合而為一的事前準備。

第19章　想像無限，無限可能

……痛苦與人生的重大關係

夜半時分，一陣夏日雷陣雨吵醒了我。強風狂襲穿林，就像是我哥哥剛過世時的那種惡風。我再也無法入睡，開始思索自己自當時迄今的變化歷程。現在，我相信另一個次元的世界的確存在。我以前一直沒辦法思考生或死、自我、宇宙，或是我早已習慣的其他事物。

過沒多久之後，比利的聲音從風中穿透而來。

嗨，我愛妳。

世界是妳的牡蠣

世界是妳的牡蠣

而在這個牡蠣殼之中，妳將會發現

許多的珍珠
撒向眾生的智慧珍珠
我會在妳的馬車之前準備好
十七匹白馬
俊俏的駿馬
搭配黃金色的衣裳

當我第一次講出「世界是妳的牡蠣」的時候，聽起來很棒，對不對？這些美麗的珍珠宛若馬上就要簇擁在妳的身邊，讓妳坐擁財富。不過，牡蠣與珍珠的傳說的內層意涵其實更複雜深奧，砂子進入牡蠣之後、不斷刺激摩擦，才會產生珍珠。

世界是我的牡蠣？一直在刺激摩擦？這是哪門子的祝福？

小公主，這不是我的錯。我知道，妳只想要優雅輕鬆過一生，不想要被困在含砂的牡蠣裡面（笑）。要是我給妳比利版的珍珠製造配方，妳會不會喜歡呢？

對，我知道，摩擦的感覺並不好，但要是沒有這樣的刺激，也不可能會產生珍珠。不要把重點放在摩擦感，要是妳能夠以充滿創意的方式面對砂粒，就能得到美麗珍寶。

想要當珍珠製造者，妳的牡蠣必須要有堅硬的外殼、避免上億的刺激物侵入妳的內裡，外殼可以幫助妳從中精挑細選出一粒砂，妳會知道哪一粒能夠成為珍珠，哪一粒不值得妳付出摩擦的氣力。

要是妳能夠成為聰明透頂的牡蠣，又有堅硬的好外殼，那麼妳就可以過著更自由自在的生活，不需要太過在意那顆砂粒。

「哦，又是砂子。只要我吞了一大口海水，就會遇到這種事。反正我會把大部分的水吐回去，其他的部分就不用操心了。」

為什麼妳不需要太操心？最近有沒有看過牡蠣的裡層？它柔軟、豐饒，而且充滿了可塑性。妳的牡蠣內裡就是妳的創意火花，妳的珍珠製造實驗室。聰明的人都在實驗室工作，對不對？好，既然妳就是宇宙，妳的實驗室的主控者就只有「宇宙智慧」，沒有別人。

就是這樣的智慧，讓種子茁壯成樹、讓鳥兒學會飛翔、讓海洋掀起潮浪，也孕育了嶄新的星辰——就是這樣的智慧，讓妳有了呼吸心跳，也得到了療傷的能力。

為什麼我可以說出妳就是宇宙？因為我已經跟最小的量子粒子一樣渺小，也跟許多的宇宙星系一樣巨大。真的，我一直就是那樣，我只是不知道而已，而且，每個人都是如此。

看看宇宙的照片吧。然後閉上雙眼，想像在妳心中以及周邊的那些星辰、雲朵、彗星、星系。

當妳開始注意那種無限狀態之後，那種摩擦不適感與日月星辰相比，也變得微不足道了。等到妳開始想像無限世界之後，就會被內心的無限自我深深感動。

那天早上，我打開了電郵，古魯．蓋伊寄給我一封信，裡面是哈伯望遠鏡拍攝照片集的網路鏈結。我的電腦螢幕裡出現了令人屏息的宇宙畫面，宛若貓眼的星雲、光環星系、剛誕生的新星。這個鏈結出現的時機剛剛好，得來完全不費吹灰之力。

第二天一大早，我開了三個小時的車到達布魯克林探望母親，自從我哥哥過世之後，我每個禮拜都會過去一趟。在開車的途中，比利告訴我有好事將要發生。能知道這消息真是太好了，因為看到我那一向強勢的八十歲老母變得奄奄一息，總是讓我心碎不已。

比利過世的第一個月，我母親幾乎是天天以淚洗面。然後，醫生們開始給她開各式各樣的抗憂鬱藥，最後害她罹患了緊張症。她平常身著睡袍窩在家裡，悶悶不樂，她不再做頭髮、化妝、修指甲。她的行為舉止就像是標準的老太太，但她以前根本不是這樣的人。

過沒多久之後，我母親開始拚命閱讀有關死亡的書籍。我今天過來的時候，她看的那本書的內容是人們要是生前「行惡」，死後就必須受到喪失靈魂的懲罰。

「他在哪裡？」她哭倒在我懷裡，「我的寶貝兒子呢？他是不是喪失了自己的靈魂？」

「媽媽，不是這樣，比利的靈魂安好無恙，我真希望能想辦法讓妳知道這句話千真萬確。」

「我一直不知道自己這麼愛他，」她說道，「我本來以為自己比較愛妳，但不是這樣，我也一樣愛他，但他永遠不會有機會知道了。」

「別擔心，妳以後就會見到他，到了那個時候，妳就可以在他面前暢所欲言。」

那段話讓她露出了微笑。

我輕輕撥開她的白髮，為她塗抹乳霜與唇膏，幫她著衣，「今天是個天氣晴朗的夏日，」我說道，「我們去河邊散步吧。」陽光燦爛，哈德遜河波光粼粼，我們手挽著手，在河堤人行道散步。

「媽媽，我需要有人提點我，我覺得自己的生活依舊是一大謎團。妳活了這麼久，累積了許多知識經驗，能不能分享一點智慧？」我向她尋求建議，其實是為了要幫助她想起自己何其聰慧。

「有意思，我就知道妳會問我那個問題，而且我也已經知道我會怎麼回答妳。我最近才剛看完一本關於某對母女的書，書名應該是《散落的珍珠》。書中的女兒準備要前往美國，母親告訴她，無論生活中遇到了什麼困難，都應該要把它當作牡蠣裡的砂子，最後，它們會轉而成為美麗的珍珠。我親愛的女兒，那就是我想要送給妳的智慧小語。接受困難挑戰，讓它們變成珍珠。」

我哈哈大笑，「說出來妳一定不信，我早就把某個東西留在妳的公寓裡，準備要讓妳好好欣賞一下。」

我已經把比利到訪的事告訴母親好多次了，但她就是不想看他告訴我的那些字句。我知道，她一定以為我活在某種比利的幻想世界，比利之死已經夠殘忍了，我居然還一直在胡思亂想，更讓她痛苦萬分。我了解她的想法，不過，我現在感覺她已經敞開心胸、接受了我的說法。

我們回到公寓之後，我把比利提到珍珠與牡蠣的篇章唸給她聽。她緊蹙眉頭，沉默了足足有一分鐘之久，然後，她爆出大笑。

「以前妳告訴我，比利會對妳講話，我說我相信妳，其實都只是在敷衍而已。不過，這一次，哦天哪，不由得我不信了！」

我媽媽打開她的藍綠色珠寶盒，將一串粉紅色小珍珠鍊交給我。「為什麼要等到我不在了之後再給妳呢？要是這樣的話，我就永遠看不到妳戴在身上的模樣了。」

在這次探訪之後，母親的愁鬱一掃而空。她也坦白告訴我，有時候她感覺比利的魂魄就在身邊，讓她得到了療癒，幫助她重新振作起來。

「雖然失去比利是我一生中最可怕的傷痛，」我母親說道，「但我知道上帝要藉此讓我了解他、愛他。」

當你想像自己是無限的存在時，
就會觸發隱藏於內在的無限可能。

第20章　無私的愛情是不在乎對方會不會接受

……也要嘗試出錯

八月中的某個早晨，就在黎明破曉之前的昏夢時刻……

多麼美好的一天。何不帶著紅色筆記本出門？和我一起待在海邊？

當我到達海邊的時候，粉紅與橙橘的光束逐漸退散，露出比利的飄渺白袍淡光。

我的妹妹，世間今日風和日麗。這裡的每一日都很美好，不過，這裡其實並沒有真正的日夜之別，但我完全不會想念地球的日子，完全沒有任何掛念的事物。

尤其，我再也不會對於自己的外貌感到焦慮，一點都不在意。好，我現在就是自己原本的面貌，非常好。不需要偽裝或是吃力扮演其他角色，我就是不斷散發光熱，完全不費吹灰之力。現在，光就是我的組成元素，我沒有器官血液之類的東西，膝蓋不會痛、沒有肝病，也沒有毒癮與體重問題。我現在也沒有家，只有自己的光亮之身。

有時候我會離開自己的光亮之身，回到融入宇宙的狀態，放鬆，在宇宙能量場多吸收一點精華。我覺得這有點像是人類的睡眠，因為兩者的功能都是放鬆，不過，其實也不能這樣類比，因為成為宇宙是純然的狂喜，而睡眠狀態是好是壞就很難說了。

人間需要白天與夜晚，睡眠與清醒，生與死。今天也許過得艱難，但明天可能會更好。也許妳今天諸事不順，心情不佳，但大可以直接上床睡覺就是了，等到醒來的時候，可能會覺得又是嶄新的一天。

死亡賦予你們一個全新的起點，就像是睡眠一樣。我們通常不會把死亡當成起點，但它的確具有這樣的功能。無論先前曾經犯下什麼樣的所謂的過錯，到了這種時候也不重要了，因為一定會有其他機會，甚至是新的人生，可以嘗試不同的可能。還有，千萬不要擔心，所謂的過錯也沒什麼，因為它們只是人生歷程的一部分。

其實，在妳死去之後，一切反而會變得更加多采多姿。比方說，從約瑟夫那裡，他就是我在藍白色球體下遇到的亮銀髮色男子，接下我的「生命之書」。雖然我把它稱之為書，但其實它並沒有紙頁，也沒有文字，倒比較像是一道在晃動的彩虹。而我之所以稱其為書，是因為它收集了完整資訊，此外，「生命之書」這個名號聽起來也十分響亮。

所有的靈魂入世之前，各別的「生命之書」的內容都早就已經寫好了。人間的生活，就是改變你的一連串重大事件。妳不覺得好笑嗎？大多數的人都害怕改變，但改變不就等於只是日常生活蛋糕上面的濃稠糖霜嗎？

雖然人的一生幾乎已經是天生註定，但在這樣的人生藍圖之中，依然還是有許多的自由空間。環境就像是孩童著色本裡面的線條，但那些界線不是印墨，而是鉛筆線，隨時可以擦掉。當妳開始著色之後，也會影響原本的線條。

閱讀自己的生命之書，與觀看自己的全像圖相比，是完全不同的經驗。那時候，完全沒有任何的分析。現在，約瑟夫與我在一起觀看我當初選擇的特殊色彩如何形塑了我的人生。

約瑟夫看起來像是人類，但他的組成元素也是光，就和我一樣。我覺得約瑟夫並不是我先前提過的高靈，我想他應該是在他們的仁慈保護大傘之下工作。約瑟夫長得很好看，比妳看過的任何男演員都來得俊帥。他的臉龐看得出歷練與善良的刻痕，但不會擺出嚴肅姿態，是一位讓人感覺輕鬆愉快的智者。我不知道這裡是不是所有人都像約瑟夫一樣、以這樣的視角看待一切，因為我目前還沒有遇過其他人。但我可以告訴妳，約瑟夫的觀點對我來說十分受用。

雖然約瑟夫的知識比我豐富許多，但他不會訂立規則，除非我開口詢問，否則也不會對我下指導棋，他不以上位者自居，這一點真是太棒了。生活在人間的時候，別人的影響力如此沉重，根本沒辦法活出自己的人生，必須等到死亡之後才能夠做自己。

約瑟夫到底幫了我什麼？最美好的就是他對我付出無條件的愛。大家在地球上總是在討論無條件的愛，但除非真正享受過那樣的愛，否則也無法了解它的魔力。它超越了接納的層次，因為接納暗示了你只喜歡我的其中一部分，某些部分不是，但你還是選擇了全然接納。對約瑟夫來說，我的一切都獨具一格，多麼難得的體驗！

老實說，我在人世間時所遇到的各種處境，處理得還不算太糟，畢竟都不是容易對付的狀況。我這一生中大半的時間，其實都在為我的新任務預做準備——也就是與妳合寫這本書。要是不了解別人的挫敗、失望、恐懼、欲望，以及偉大之處，也很難對他們伸出援手。要是不曾身處在他們的困境裡，也不可能真正站在他們的角度看世界。

我這一生曾經待過許多地方，扮演過許多角色：毒蟲、哲學家、療癒者、流氓、行善者、作惡之徒，還有我自己最喜歡的部分：壞男孩天使。我並非暗示自己是聖人，我只是想要表達自己雖然做出不少有違常情的行為，甚至是違法情事，但我的心與靈魂其實一直渴望行善。

我一直以幫助別人為樂。雖然我沒念完高中，但我一直是個口才流利的人，而且總是態度真懇。在我狀況最好的那一段時間，我充分展現了這些天賦。記得我曾經為青少年弄了間勒戒中心嗎？我好愛這些小孩，他們也很清楚這一點。

自此之後，我開始施展自己從事法務工作的抱負，那是我一生中最喜歡的工作，在紐約市法庭擔任聯絡人，協助因為毒品犯罪而被捕的那些人。我為他們辯護，企圖說服法官讓他們進入勒戒中心，而不要把他們送入監牢。當然，那都是在我自己入獄之前的事（笑）。

我覺得很榮幸，因為在我的「生命之書」裡的內容當中，也包括了由妳負責記錄的這些文章內容。也許妳應該早就發現到了，我再次成為某種助人的靈魂。我希望大家能夠透過這些紀錄，發覺自己並不孤單，但願他們能感受到自己終將永垂不朽，即便只有不到一秒的時間也好，至少能夠讓他們減少一點對死亡的恐懼。他們未來不但能夠擁有更精采的身後世界，也能夠過著更好的生活。

還有，我有沒有告訴妳？那些紙頁之間有光？

因為我今天還送了妳一顆星星。

比利散發的熱力讓我的心情十分寧靜，所以我在海邊不斷徘徊，心中已經沒有任何掛念，只是拚命抬頭張望，想要找到比利提到的那顆星星。洋面、細砂，還有海鷗，都因為那神聖微光而閃閃發亮。

那天下午，我開車進紐約市中心準備染髮，想到了我哥哥的所有角色。我最不愛的就是比利．芬格斯，我討厭那個名字，它讓我憂懼不已，它隱含了惡行、牢獄、槍火，還有橫死街頭。

「比利，你到底在做什麼？」我曾經問過這樣的問題，「混黑道？偷東西？還是在當賭徒？」

我一直很希望哥哥能夠從事其他的工作——教授、作家、商人——而不是把嗑藥嗑到茫當成人生最大快樂的那種人。有時候我甚至以他為恥，比方說，在高中的時候，我的某個閨蜜的哥哥不希望他妹妹與我打交道，雖然我明明是好學生，而且幫助她成績更上一層樓，但因為我哥哥是毒蟲，也無法改變他的心意。

我在停車的時候，心裡想到哥哥的人生雖然與我的期待大相逕庭，但我從來就沒想過要不一樣的哥哥，我只要比利。我也在想，也許應該要讓自己的髮型更具有陽光氣息，配合陽光燦爛的夏日——弄一點挑染。

就在此刻，比利的聲音透過擋風玻璃傳進來。

要不要染女演員莉娜．歐琳的髮色呢？我講的是那個女演員，妳知道吧？

我走向髮廊，哈哈大笑，「比利，你又懂髮色啦？」

我在染髮師的座位區等候，某名女子在我身邊坐下來。我突然感受到她的方向有一股詭異的磁力，所以我轉過頭去看她，正是美麗的莉娜．歐琳。

比利真的送給我一顆星星，一個大明星。

無私的愛情是不在乎所愛之人會不會接受自己的。

第21章　任何事都傷不了靈魂

……靈魂部落

比利提到了他自己的諸多角色，也不禁讓我對於自己的部分感到好奇。如果我是探索終極謎團的宇宙偵探──那麼人死去之後，到底會發生什麼事？比利不只是給我資訊而已，他還給了我證據。而且所有安排的情節都完美無缺。先前我拋下在紐約市的生活，待在海邊的房屋裡尋求新生。我在毫不知情的狀況下，卻為比利安排了登場的舞台，這不只是比利的「生命之書」，也是我的「生命之書」。

熱氣蒸騰的八月即將結束，比利也向我透露出更多的秘密。

雖然所有的生靈都來自於同一處「源頭」，但最後開出的每一朵花都獨一無二，我們的差異性，展現出生命的樂趣。盈滿燦爛歡樂的無限世界，創造出了多樣性，所以出現了許多靈魂部落。每一個部落都有其獨特的人間探索任務。

靈魂部落與國籍、種族、宗教，或是家庭都沒有任何關係。一旦遇到了出身於同一部落的人，也不知道為什麼，就會覺得早就認識了對方一樣。其他部落的人就少了這股熟悉感，但他們會帶來新知與智慧的贈禮。各式各樣的部落，也為這齣宇宙超級大劇提供了所需的各種角色。

在我的「生命之書」裡面，出現了許多精緻的象徵符號。雖然我從來沒看過那種語言所書寫的文字，但感覺卻十分熟悉。我摯愛的約瑟夫與我屬於「洛哈納」部落，而那些符號正是我們部落的智慧公式。

每一個人都必須在地球所提供的各種狀況之中，完成聖界的實驗，這一場人類化身的神奇之旅的聖杯，就是智慧公式。

我現在不但明白了自身部落的公式意義，而且我也透過它們，感受到公式創造者的靈魂真髓。「洛哈納」公式跳脫傳統的尺度，令人驚訝，它們對於道德並沒有固定的概念，這些等式遠遠超過了人類對於「善」與「惡」的標籤，專注的重點反而是靈光的質性。

他們也提到了某個難解的謎團，為什麼有的靈魂會遺忘了原本的高階起源，進入人體肉身，離開高階世界，執意前往更艱險的人間？

哦，親愛的，因為那個靈魂喜歡體驗，完全無懼受苦，而且他知道永遠不會留下任何傷害。但這並不表示偏好歡愉、不喜痛苦是不正常的思維，這是人生既成計畫的其中一部分，只有等到妳離開現在的世界之後，才會充分了解箇中原因。

我一直不喜歡痛苦折磨，但我的人間最終回卻充滿了這樣的情節。妳可能以為我承受了太多苦難，最後失敗，但這並非實情。親愛的，雖然我人生的結局像是一場悲劇，但真的不要緊。

小公主，我知道，妳希望我能夠把「洛哈納」的公式告訴妳，但我沒有得到許可，不能這麼做，安妮，不要擔心，他們的諸多智慧已經在這本書中盡顯無遺。而且，妳在人間也有自己的公式必須完成，而且也不要因而感到焦慮，妳不需要明白那究竟是什麼，只要追隨妳的喀邁拉，妳的永恆之火，那些公式就會自然浮現。

等到我感覺自己歸返人間之後，立刻打開谷歌搜尋引擎，尋找「洛哈納」。我嚇了一跳，原來「洛哈納」是源於印度的某個古老部落名稱。根據傳說，這些貴族戰士是羅摩王的後代，他是五千多年前的君王，是某位天神的化身，至今依然受到印度教教徒的敬拜。難道比利是羅摩王的後人？

我重新閱讀比利的筆記，想要尋索答案，找不到。不過，比利說出的某段話卻吸引了我的注意力。

只要追隨妳的喀邁拉，妳的永恆之火，那些公式就會自然浮現。

什麼是喀邁拉？

我找到的第一筆資料告訴我，喀邁拉是希臘神話裡的三頭噴火母怪。

我繼續找下去。

過沒多久之後，一篇名為〈臣服永恆之火〉的文章出現在我面前，它提到了著名的喀邁拉之火，在土耳其的奧林帕斯山頭熊熊燃燒。這些神秘火焰來自山土之內，透過岩洞，冒出直達雲霄的火焰。世人認為喀邁拉被視為永恆不滅——

要是有人企圖澆熄，它們會再次冒出熊熊焰光。

我的喀邁拉呢？我的火焰到哪裡去了？音樂創作一直是我的熱情，但如今卻停滯不前。我必須向我內心的葛麗泰·嘉寶老實招認，比利的這段經歷，點燃了我的深層火花，也許，當一個探索靈界的宇宙偵探，能夠成為我的新喀邁拉。

靈魂很喜歡經驗，一點都不以為苦。
我知道任何事都傷不了靈魂。

第22章　別的世界會帶來光

……有「人世」以外的世界存在

某個悠閒的九月夜晚，當我正在洗澡的時候，比利突然以邪惡又恐怖的語氣對我說話：「史蒂夫要生重病了。」然後，他開始哈哈大笑，宛若恐怖片裡的文生·普萊斯。

我既困惑又惱怒，比利以前從來沒有說過這類的預言，而且幹嘛要用那種令人毛骨悚然的語氣講話？也許這並不是真正的比利，這不像是他會講的話。也許是某個假冒的惡靈想要嚇唬我，但為什麼要這麼做？

史蒂夫最近的確身體微恙，但某名專科醫生向他保證只是小毛病罷了。萬一醫生搞錯了呢？要是史蒂夫知道比利說出這種話，一定會嚇得半死。我打電話給他，溫柔勸他要去看別的醫生，但不想讓他知道背後的原因。

過了幾天之後，史蒂夫打電話給我，「醫生說我只是感染一直沒有痊癒，不需要擔心，他又多開了一些抗生素給我。」

我又聽到比利的邪惡笑聲從遠處傳來，這次的笑聲更響亮了，不斷在我家的天花板發出回音，聽起來十分邪惡。

我努力保持冷靜，提醒史蒂夫，「我希望你去找別的醫生。」

「為什麼？」

「我也說不上來。去找芙羅倫絲吧，我想她今天下午可以一定幫你看診。」

芙羅倫絲是史蒂夫的家醫，我想也許他的專科醫生鑽研得太專精了一點。後來，史蒂夫在芙羅倫絲的看診室打電話給我。

「我的心電圖看起來有問題，芙羅倫絲叫我去看心臟科醫生。」當天傍晚，史蒂夫住院，準備做血管攝影檢查。

我知道做完血管攝影檢查之後，就得面臨其他考驗。於是我把衣物丟進行李箱，前往市中心。第二天早上，醫生們進入史蒂夫的病房、向我們宣布他必須做心臟繞道手術，聽到消息，讓我天旋地轉。除了擔心史蒂夫之外，醫院也讓我害怕不已。我十五歲的時候，曾經動過割除盲腸的緊急手術，差點死在手術台上，從頭到尾就是惡夢一場。

正當我快要撐不下去的時候，比利不知道從哪裡冒出來安慰我，讓我立刻停止恐慌。我變得極其冷靜專注，環顧這間醫院的環境，這樣的景象讓我很不舒服，骯髒，一片混亂。外科醫生過來、告訴我隔天要替史蒂夫動刀的時候，我根本不理他，隨後，我開始打了多通電話，終於找到了紐約市最厲害的心臟外科醫生。半夜十二點，史蒂夫被送進心臟科病人的專用救護車，準備轉院，我抬頭望著墨黑的天空，開口說道：「謝謝你，比利。」

住進第二間醫院之後，他們發現前一間醫院開給史蒂夫的藥物很可能會讓他在手術台上流血致死，所以他們決定延後手術，必須要等到那款藥物徹底排出體外。

開心手術十分順利，手術很快就提前結束。由於我們及時發現了史蒂夫的藥物問題，所以他的心臟完全沒有受損。比利之前刻意嚇唬我，是為了要確保我必須要保持堅決態度，這不是在討論養生茶，而是生死一線間的大事。

之後，比利好一陣子不和我說話，他知道我需要時間沉澱，上次的意外事件嚇死我了，我感激不盡，但心中也浮現許多問號。

史蒂夫是比利在世最後那幾年的守護者，這是不是在他們投胎之前就達成的協議？

比利是不是曾在生前允諾要在死後回報史蒂夫的恩惠？

比利是否必須得到允許之後才能告訴我史蒂夫有狀況？

要是沒有比利出手干預，史蒂夫會不會心臟病發？

難道史蒂夫本來會就此命絕？

比利硬是把史蒂夫從鬼門關拉回來？

既然我是宇宙偵探，我決定要找出答案。但要怎麼做？隨著一天天過去，秋天的腳步也慢慢逼近，比利靜靜徘徊，一直不現形，不出聲，與我保持客套距離。

為了期盼天啟降臨，我等待月圓時刻。到了半夜十二點，我坐在自己的冥想墊，周邊飄散著茉莉花香氛蠟燭的氣味，我把所有的問題都抄寫在筆記本上面。能夠將腦中的思緒抛出來，將它們化為紙頁上的文字，的確讓我鬆了一口氣。我閉上雙眼，進入沒有思緒、空間，以及時間的地帶。

一個小時之後，我悠悠睜開雙眼，我在筆記本草草寫下了一段文字；不是答案，而是疑惑的關鍵：另一個世界能夠干預我們的生活嗎？

第二天的傍晚，靛藍色的十月之夜，比利的光在我上方出現了，他的降臨宛若天使一樣。

安妮，安妮，趕快醒來。

妹妹，我不是已經向妳證明了嗎？我真的存在啊，而更重要的是，這世界還有其他的地方——人間以外的地域——確實存在，而且充滿了光亮、愛，以及喜樂。也許，只是也許，來自那些地方的某些光亮，能夠讓妳在這個星球上的生活變得稍微好一點、聽到更多慈悲與悅耳的聲音。

今晚我還帶了一位訪客。有沒有看到房間角落的金藍色光暈？他是派特，強大又尊貴的靈魂。

提到他，是不是讓妳想到了泰克絲？沒錯，因為他正是她的哥哥。你也知道，泰克絲才十多歲的時候，派特就死了，而且是你們所認定的慘死，他趕赴家鄉過感恩節，卻因而死於空難。

哦，派特現在算是泰克絲的守護者。泰克絲的母親、派特．馬龍，還有那些身在靈界、深愛泰克絲的靈魂，希望我能夠寄給她一封信，所以，麻煩妳寫下來了。

親愛的泰克絲：

妳因為母親重病與過世而心神耗竭，但也不需要因此而毀了自己。面對艱難時刻，最好的方法並不是靠著酒精自我毀滅。

我知道妳喜歡宿命論。好，也許妳的本命就是應該要追求更重要的成就，而不是沉溺在酒精世界，也許這就是決定妳靈魂走向的關鍵時刻，也許妳想要短暫解脫一下，不想聽到自己的身體一直對著妳碎碎唸：「我這樣真糟糕。」

我自己就是過來人，有趣！我還記得自己沒有牙齒，全身浮腫、頭髮全掉光光、膝蓋痛得要命、咳血的模樣。哦，妳當然可以暫時擺爛，但終究還是得付出代價。

別人一提到這個極其敏感話題的時候，妳一貫擺出冷戰態度，而妳也打算繼續這樣下去，所以，我會好聲好氣提醒妳。

妳一定要戒斷，不然妳的身體一定會為了喚起妳的注意力，開始大聲嘶吼。

我們就先像小嬰兒學走路一樣，踏出小小的第一步。先對自己的行為培養明確意識，不要做出任何判斷，也不要講出做不到的承諾，就讓自己先了解自己在做些什麼就是了。

比利

我可以看到房間角落的那一團藍光在飄動，也就是比利所說的泰克絲哥哥。但我不明白的是為什麼要叫他派特・馬龍，泰克絲過世的哥哥的確叫派特沒錯，但他們家的姓氏不是馬龍。

到了早晨，我打電話給泰克絲。

「比利半夜來找我，這次還帶了妳哥哥派特。」

「真的嗎？」

「比利還請我帶話給妳，那是比利、派特，還有身在靈界、深愛妳的那些人的聯名信。」

「啊，我的天哪。」

「也不知道為什麼，比利提到了派特・馬龍這個名字。但那是愛爾蘭的姓氏，妳家明明是法國後裔，不是嗎？」

「又來了，」泰克絲哈哈大笑，「比利又搞這一招。我不姓馬龍，但我媽媽是愛爾蘭人——她娘家的姓的確是馬龍。還有，她爸爸，也就是我的外公，他名叫派特・馬龍。所以這一定是我哥哥派特與我外公的口信，太好了！現在就用電郵寄給我吧。」

我猶豫不決。泰克絲幾乎總是一手拿酒杯、另一手夾著香菸，但我從來沒看過她喝醉。想也知道她的酗酒問題一定是不能碰觸的禁忌，但我還是徐徐道來。

「泰克絲，聽我說，我一定得先告訴妳，那封信是有關妳酗酒的事。」

泰克絲陷入沉默，我覺得電話另一頭已經結了冰霜。

是該掛電話的時候了，我的確按下了結束鍵，不過，是為了要打開電郵，把比利的信寄給她。

衷心盼望我們不會因此而絕交。

別的世界會給你所在的世界帶來光，
好讓地上的人生稍微改善、稍微輕鬆、
稍微演奏音樂來享受人生。

第23章　到處都是輕柔怡人的聲音

……聽見旋律

終於，就在感恩節之前，我收到了優比速快遞員送來的破爛紙盒，裡面裝有比利的遺物。自從比利過世之後，就一直暫存在那個賓士經銷商的展示間裡面。比利總是以車為家，在過世前的那個禮拜，才不慎撞毀了那台老舊賓士。他車內的所有物品，都放在這個長寬十吋乘以十九吋、高十三吋的破爛紙箱裡，外頭還有黑色麥克筆草草寫下的幾個大字：「請勿觸碰」。

我把紙箱放在火爐旁，剛好就在比利骨灰的下方。我還沒有準備好，無法鼓起勇氣打開它。它讓我聯想到以前的那個比利，嗑藥嗑到昏頭、必須車宿流浪、恍神開車撞樹，幸好沒撞死人。不過，我還是很好奇，這個全新的比利想要讓我看到裡面的什麼東西？

在感恩節的早晨……

何不就在聖誕節打開這個紙箱呢？反正也只剩下一個月了。妳會在美麗雪景中醒來，而這就是我送給妳的禮物。

當我對妳講話的時候，妳聽到的是與以往相同的聲音，操持的是同一種語言。小公主，我是為了妳方便，所以才使用比利的聲音。我們在這裡不使用語言，約瑟夫與我以心電感應的方式聆聽彼此的思緒。老實說，其實不是思緒，是比思緒更美好的東西，這種東西就像是精采絕倫的交響樂，遠遠超乎妳的想像。

基於許多理由，地球上的人類必須開口說話。有時候他們心口如一，有時候他們口是心非。在這裡則沒有任何的偽裝或欺瞞，也沒有競爭或是憎惡。我們在這裡以心電感應的美好方式互相溝通。

說到心電感應，我知道妳有時候心生疑惑，不知道這裡有沒有音樂。世間已經充斥太多的老掉牙說法，天使唱歌啊、豎琴演奏啦之類的玩意兒，妳一定很好奇這到底是不是真的。好，我必須再說一次，我只能就個人經驗回答，我所在的地方，根本沒有這種情節，這裡的氣氛充滿了某種柔和的環境音。我沒辦法分析，只能純享受而已，不過，我等一下會稍稍為妳做一點分析。

這裡一直有種朦朧的背景聲，不禁讓我想到了地球的自然之音，像是風聲、雨聲，或是海洋的潮浪。不過，這裡的聲音更具有音樂性，所以我十分確定應該是源自於某種樂器，有點類似柔和夢幻的小提琴與大提琴、長笛、喇叭與豎琴。這裡也聽得見韻律，但並不規律，是一種不斷變化的震動。

我最近發現這種朦朧之聲有時候會突然變成一小段旋律，然後又立刻消失不見。這種旋律現象發生的次數越來越頻繁，我真的不知道究竟是聲音發生了改變？抑或是我的聆聽能力產生了變化？

對了，要是妳專心聆聽，妳也會聽到自己所在位置的宇宙之音，因為它們無所不在。不過，靠一般的人耳是聽不見的——必須要靠心靈之耳。就算妳的人耳能夠聽到這樣的樂音，它們也忙著聆聽成千上萬的其他來源，根本無暇聆聽這些聲音；妳的心靈之耳能夠聽到這樣的樂音，但它也被禁錮在成千上萬的思緒之中，依然無暇聆聽這些聲音。

大家說，一張照片勝過千言萬語，但我現在要給妳的不是照片，而是一個iTunes的音樂檔。作曲家西貝流士創作的某些音樂作品，將能夠讓妳領悟所謂的宇宙之聲。西貝流士對高靈世界的了解，絕對是相當透徹。我說的並不是他的那些陰鬱之作，但妳可以下載他的天鵝作品，可以發現那一波波的聲音是如何衝入旋律之中。聆聽之後，妳將會約略知道我到底聽到了什麼，不過，進入我耳內的聲音當然更加清朗崇高。

還有，妹妹，有時候我會聽到遠方傳來某個女子的歌聲，她使用的是我從來沒聽過、也完全不了解的語言。這種聲音有種魅惑力，我覺得就像是女海妖在對我唱歌一樣，不過，當然不是，因為她們專門誘惑男子，奪取他們的性命，但妳也知道，我已經死好久了（笑）。那歌聲實在令人迷醉，讓我意猶未盡。我平常對事物並沒有特別的想望，但我向妳保證，那的確是讓每個人都無法抗拒、拚命渴求的聲音。

天鵝音樂？西貝流士？我曾經聽過這位作曲家，但對他的音樂一無所知。

我打開 iTunes，輸入「西貝流士」，找到一首名為〈黃泉的天鵝〉的作品，下載了檔案。旋律流瀉，某股柔和朦朧的環境音若隱若現，那的確就像是比利剛才所描述的宇宙之音。

原來〈黃泉的天鵝〉源於芬蘭傳說。聖潔白天鵝在分隔陰陽兩界的神秘黑色圖奈拉河裡面泅泳，這正是比利分派給我的角色，必須在不同次元之間的水域深入探索。

我將那個音樂檔以及比利的口信，一起寄給了古魯．蓋伊。他回信給我，裡面有篇《紐約客》雜誌為了紀念這位作曲家逝世五十周年所撰寫的專文。

文中提到西貝流士深信自己的某些音樂創作來自於某個「神聖」源頭，而且，文中也披露了西貝流士曾經有酗酒問題。也許西貝流士的酒癮是自我的某一關鍵要素，就像比利一樣，要是少了這個部分，他還會是一樣的天才嗎？無論是就我哥哥或西貝流士的狀況而言，誰說一定要戒斷才是正道？

我所在的地方聽不見天使的歌聲，
也聽不見豎琴的音色，
卻到處都是輕柔怡人的聲音。

第24章　心靈所在之處即為家

……哥哥的日記，兩枚硬幣

比利果然說得沒錯，聖誕節下雪了。我生了火，在紅光的映耀之下，比利效應讓滿室通亮。

安妮，聖誕快樂。妳會在這個紙盒裡找到一把鑰匙，它就是我幫助妳揭開生命之謎的象徵，我有沒有告訴過妳，妳的家無比溫馨？我到了生命的最後階段，並沒有家。大家都說，家，就是心的歸屬之地。

我從紙盒裡取出的第一個物品是凹陷的藍色小罐，上面除了「家」這個字之外，還繪有一隻天鵝，難道是西貝流士的〈黃泉的天鵝〉？

接下來是小望遠鏡。

比利打趣說道，這是為了要慶祝妳開始擔任靈界福爾摩斯的角色。

那個盒子裡還有好幾個相框與相簿，都是比利在前往委內瑞拉之前的生活點滴。

還有好幾個信封裝滿了他在瑪格麗塔島的照片，和不同女人的合照，在水中的比利、在海濱的比利，全都面露開心微笑。

其實我的狀況也沒那麼糟糕，是不是？我在瑪格麗塔島也度過了很愉快的時光，不算太壞，對吧？

我們一起檢視這些物品，互相討論，雖然比利在宇宙的某個地方，但他也在這裡陪伴著我。

還有一些CD與書：菲利普．羅斯的《安息日劇場》、匿名戒酒會創辦人比爾．W的《心之語言》，還有猶太教拉比的亞伯拉罕．特維爾斯基的著作，《活好每一天》。這些書的下面有四本破破爛爛的線裝筆記本，是比利的日記。

「你以前有在寫日記？我可以看嗎？」

我不是把東西都給妳了嗎？

在比利之盒的最下方，角落塞了一個粉紅色的心形石英、珍珠母藥盒、比利剛才提到的那把鑰匙，以及匿名戒酒會的兩枚銅板。

那枚金色銅板是來自「白鹿旅程」戒癮中心，讓我最感療癒的一段戒斷歷程，離開那裡之後，我足足八年不曾沾毒。

另一枚銅板是銀色的，上面有個十字架，還有一行字：「幸有上帝恩典」。那是我在世時的心訣。

正當我在翻找比利遺物的時候，泰克絲打電話給我。

「安妮，我要去亞利桑那州待一個月，打算在一月左右出發。」

「度假度這麼久，好棒。」

「其實不是度假，我打算要去戒酒中心。」

我嚇了一大跳，因為泰克絲從來沒讓我知道她有這樣的問題。幾個月之前，當我把比利口信的事轉告給她的時候，她整個人瞬間變得跟冰屋一樣。自此之後，我再也沒有向她提過隻字片語。

「安妮，妳覺得怎麼樣？這樣好嗎？」

「好極了。」

我把鑰匙、心形石英、藥盒，還有那兩枚匿名戒酒會的銅板，全部放入床邊桌的抽屜裡面，至於日記，則放在客廳沙發旁的籃子裡。那幾本東西就像是收納它們的紙箱一樣，讓我聯想到那個以前的比利，我不敢看。過了一個禮拜之後，我才終於挑了一本紫色封面的日記，隨意亂翻，裡面寫道：

「內心花園的枝葉越來越繁茂，記得要澆水，不要忘了那修煉心靈的砂子就只是牡蠣裡終將化成珍珠的砂粒，唯有靠不斷的摩擦才能形成珍珠。」

不會吧！怎會這麼巧？我繼續讀下去。

「感謝你賜予我這樣的美麗生命，讓我有了駛過減速丘與摩擦砂粒的體驗。我已經準備好了，隨時可以寫下我的書。」

珍珠？摩擦？書？不可能。

接下來的這一個月，我慢慢看懂比利幾乎難以辨識的潦草字跡。我讀出了他的掙扎、更為陰鬱的時刻、他的志向，還有他與上帝的親密感：

我真心想要成為一個更好的人，但其實這只是我的次要目標，我最懸念的是上帝，因為光憑人類之力不可能把我救出委內瑞拉，助我再次痊癒。這一切的美好，所有的歷程，都是出於上帝之手。我愛祢，上帝，拜託，請繼續待在那裡，不要走。

□ □ □

我想要成為引路人，幫助其他人擦亮自己的心鏡，讓他們看到自己的生活其實沒那麼糟糕。使用美妙的言詞，幫助他們好好過日子，迎向上帝的愛，讓他們能在逆境中舒展心情。我可能算是個毒蟲吧，但我也個性細膩體貼、直覺敏銳、聰明睿智，請讓我知道要如何向世界傳達這些理念。

□ □ □

這就是我的助人方式，我要執筆出書。不會是那種知識型的書籍，因為生命及其實踐本來就屬於精神層次。而且，我也想要為這個世界帶來歡笑。在我的這部作品當中，我只想要講出能夠幫助眾人的方法，而不是要販賣虛實不明的內容。我的書一定會達成任務，我會說到做到。上帝，就交給祢了。敬愛祢的比利。

□□□

親愛的上帝，時間的腳步越來越迫近，我知道來日無多。我正站在轉捩點，現在唯一該做的事，就是放空，由您的智慧與力量帶引我向前走。我年紀這麼大，已經再也不會聽任何人的話——哦，是的——其實可以，但我不會這麼做，因為我知道自己這一生的夢想與勝利是為了善，而不是為了惡。上帝，只有您明白我的心情，我想，最重要的莫甚於此。敬愛祢的比利。

□□□

看完了比利的日記，等於讓我乘坐了一次情緒的雲霄飛車。比利為了要提振我的心情，開始跟我玩宇宙捉迷藏的遊戲。他會以心電感應的方式與我接觸，而不是靠文字。當我的周邊環境變得光亮、更加生氣勃勃的時候，我知道他就在附近。我也開始在心中默默召喚他，想知道他會不會回應我。時有時無，但這就是遊戲的一部分，讓我學習辨識他是否出現在我身邊。

心靈所在之處即為家。

第25章　助人一流，自助三流

……送給泰克絲的硬幣

一月中，某個起狂風的下午，距離比利已經死去已經將近有一年之久，我正在換衣服，比利到訪。

泰克絲再過幾天就要去戒酒中心了，我知道妳一直盼望今天向她道別的時候，能夠送給她別具意義的紀念品。

其實，我早在一開始就注意泰克絲。我看得出來，她是妳最喜歡的朋友之一。泰克絲擁有動人的心靈，是個難能可貴的人。在妳剛認識她的那段時間，她忙著照顧自己的重病母親，而且長達數年之久。泰克絲一直喜歡喝威士忌，但她媽媽過世之後，她喝得超兇，大家都嚇了一跳，就連她自己也沒料到會這樣。然後，她開始習慣在睡前混酒吞下安眠藥。遲早，會有某天早晨——幸好那個早晨始終沒有到來——泰克絲恐怕會一睡不醒。

泰克絲見證這本書的生成過程，絕非偶然，而且我的許多聖顯證據都與她直接有關。我需要得到她的信任。妳看，妳第一次告訴她我到訪人間的事情之後，泰克絲馬上就與我講話。那時候，她根本沒想到未來有什麼在等著她，她也不知道自己會得到這份特別贈禮。

我寄給泰克絲的那封信——哦，她看過了，但她在妳面前絕口不提。也許妳會認為她哥哥派特與我出手干預人間事，我們一直在她耳邊低語，逼促她要堅強，催她要取下耳塞與眼罩。泰克絲是拯救別人的高手，但她自救的功力卻實在不怎麼樣。

當初我承諾要給泰克絲銅板，現在，也該是把它交出去的時候了，妳說是不是？它就是在比利之盒裡面，那枚「白鹿旅程」戒癮中心的匿名戒酒會銅板，此刻正躺在妳的抽屜裡。妳可以隨便挑一張照片，連同銅板一起交給她。

將近一年前，妳還沒有拿到比利之盒的那枚銅板，而泰克絲也一直沒有承認自己有酗酒問題，當時我告訴妳，我想要給泰克絲一枚銅板，哎呀妳看看，剛好在這個時候，就剛好出現了這枚銅板。

這股背後的影響力，加上這枚銅板，是否能改變她的生命？

只有泰克絲能夠回答這個問題。

泰克絲與我約在星巴克喝咖啡話別。

「比利終於告訴我要給妳哪一枚銅板。」我將「白鹿旅程」戒癮中心的銅板放到她面前。

泰克絲拿起來，仔細研究。

「那是匿名戒酒會戒癮十二步驟的銅板，」我開始解釋，「我打開『比利之盒』的時候，發現了這東西，直到一小時前，他才告訴我要把它送給妳。」

泰克絲面色詫異，幾乎說不出話來。這枚銅板，讓泰克絲前往戒癮中心的決定似乎是註定的天意，當我把比利的照片交給她的時候，她對我說道：「我覺得接下來我很需要他。」

這些日子以來，泰克絲依然抽菸，喝黑咖啡，但已經滴酒不沾。

第26章　目前在做的事情全是奇蹟……感謝掛嘴邊

我把泰克絲的銅板給了她之後，突然想到我在「比利之盒」裡發現的另一枚銅板上面的文字：「幸有上帝恩典……我逃過一劫。」要是泰克絲的銅板這麼重要，那麼另外一枚應該也一樣。

我知道那句話的主旨是為了要表達同情，不過，這種話不就等於暗示「天，很抱歉你出了這種事，但我很慶幸倒霉的不是我」？聽到我說出這種話的那個人會作何感想？這是否意味著上帝比較愛我？比利想要傳達給我什麼樣的訊息？

我躺在床上，思考這句話的哲學意義。比利告訴我，要看一下銅板上到底寫什麼，我把它丟進抽屜之後，一直沒有把它拿出來。

銅板上的字句和我記憶中的不一樣，上頭的文句很簡單：幸有上帝恩典。

字語就是字語，智慧超過了字語的層次，但眾生需要字句才能思考，才能從中找出超越字語層次的智慧。

哎呀妳看看，銅板上面真正的文句是什麼？很簡單，「幸有上帝恩典」，沒錯，只有這句話的含義就天差地遠。妳記得的那句諺語，多加了後面那句話，效果很強烈，但卻讓人有些不安。

我留給妳的那枚銅板，我會把它稱之為恩典銅板，它上頭的字句代表了完全不同的訊息，除了讓我們想到恩典之外，也會去思考人生究竟會有多麼艱難，但有了恩典之後，人生就完全不一樣了，這枚銅板是為了能讓你認識到恩典這個要素。

幸有上帝恩典……不然我會擁有什麼？有什麼感覺？做些什麼？成為什麼樣的人？

幸有上帝恩典……不然我們與生活的時時刻刻還得承擔多少煎熬？

幸有上帝恩典……安妮，不然我就永遠沒辦法在此時此刻對妳講話，我也沒辦法向妳道謝——感謝妳這麼愛我。

還有，為什麼有的人似乎享有更多的恩典？哦哦，妳以為我們可以跳過這個超棘手的問題嗎？

我的妹妹，我要告訴妳另外一個秘密。永遠不要去評量其他人得到的恩典。妳可以嘗試設身處地，想像他們的狀況，但這樣永遠無法反映真實，體會真正的靈魂困境。妳唯一能夠親身體驗的只有自己的人生，其他的一切聽聽就好。永遠不要從表象去判斷別人到底是幸或不幸。幸或不幸，充其量只是人類的度尺而已，這一點我可以親身為證。

大家通常要等到恩典降臨、出現重大奇蹟之後，才會感受到它的存在。他們不會注意到交織出日常生活面貌的各種微小奇蹟，比方說呼吸、觀看、聆聽、走路、講話、思考，以及感知。所以，許多修行方法都會鼓吹感恩的概念，它能夠幫助大家注意到生活中的恩典。

我一直覺得，說出「謝謝」的實際作為，會比努力心懷感恩更有效。說出短短幾個字，當然會比強迫自己體會可能完全無感的事物要來得容易多了。

「謝謝」是崇高的語彙，很可能是療癒功能最強大的語彙，「謝謝」的功能，等同於來自靈魂宇宙的恩典。

那天晚上，我準備要與音樂製作人朋友在市中心共進晚餐。當我上了計程車之後，比利告訴我，等一下用餐的時候會顯現證據給我看。

上主餐的時候，比利在我耳邊輕聲細語：「來了。」然後，我朋友提到他在前來餐廳的路途中，發現某名坐在人行道上的流浪漢，給了他一點錢。他最後加了一句結語：「嗯，幸有上帝恩典。」

能夠呼吸、
能夠目視、
能夠聽聞、
能夠走動、
能夠說話，
還能思考及心有所感，
這些全是奇蹟。

第27章　那世界沒有「結束」的概念

……在光河河畔

這枚銀色的恩典銅板骯髒破爛，我忙著清洗擦亮，也同時想到當我六歲的時候，父親在每個星期五晚上給我一枚銀色銅板的那一段過往時光。我一直把這些寶貝放在某個亮銀色鞋盒裡，父親特地為我在盒口劃了一刀，當作存錢口。我當時正在存錢，打算去巴黎玩，當我存到一百二十九枚銀幣的時候，這些錢全部不見了，跟著比利一起人間蒸發。我在爸爸的懷裡大哭，我失去了銀幣、失去了巴黎之行，也失去了哥哥。這枚恩典銅板，讓我覺得比利把我的那些銀幣全還回來了，而且祝福滿溢。

不過，當比利逝世一周年的日子到來之際，我發現自己依然如此哀痛，不禁讓我嚇了一大跳。然而比利卻滿心歡喜。

我剛剛結束了「生命之書」的重溫過程，進入了新的階段。我是特地因為妳而使用「結束」這樣的字詞，因為其實這裡並沒有這樣的概念，每一次的時光流轉，都會讓人產生「永恆」的感受。

一如往常，我從成為宇宙的舒暢悠閒狀態中醒來，發現自己又進入了光身。對了，我從來不會和地球上的人類一樣，把自己的身體與「自我」混淆在一起。我猜，這應該是與我能夠不費吹灰之力、自由進出軀殼有關。

反正，當我醒來之後，我發現自己盤腿坐在某條神奇小河的旁邊。它延綿流長，似乎完全看不到盡頭。但河面並不是很寬，也許跨度只有幾碼而已，所以我自然一眼就看到親愛的約瑟夫坐在對面的河岸。

這並不是一般字詞所定義的小河，它與水完全無關，而是這裡專屬的波流，這條河的組合元素是美麗絢爛的浪紋光波：紫色、紅色、黃色、橘色、綠色，還有藍色。這些顏色相當搶眼，因為這個地方一片漆黑，只看得見這條小河而已。

這條河有個特殊之處，流動時會伴隨著美妙的聲響。如果硬是叫我做出比喻，我會說那聲音像是電子鐘響的音樂，混雜了打響銅鑼之後、逐漸消淡的低頻聲響。不過，這樣的形容，卻正好點出最重要的部分，這條河的主要特色：神秘效應。

親愛的妹妹，要是妳能夠聽到這條河的聲音，即便只有一秒也好，妳將再也不會感受到恐懼或憤怒，甚至再也不會心煩意亂，也許正是因為心情波動，讓妳沒辦法聽到這種聲音。身在人間就是要體驗各式各樣的情緒，沒關係，本來就該如此。

我坐在河邊，不知道接下來會發生什麼事，也不知道自己接下來要做什麼。約瑟夫沒對我下達任何指令，這一點真的很棒！我一直不喜歡有人對我下指導棋，尤其在絕大多數的時候，他們只是在指責我，認為我行為不當。對了，這裡不可能有任何失當行為，絕對沒有這種事。約瑟夫是我的導師，不是我的法官。

起初，我只是坐在那裡觀看活潑的色波晃動。但過沒多久之後，我必須閉上眼睛，因為河流的超自然聲響已經完全征服了我，它讓我越來越專注，最後什麼都不剩，只剩下那股聲音。接下來，又出現了變化，我只能誠惶誠恐，盡量努力描述這整個歷程。

水流的聲響越來越激昂，也讓我更加癡醉。妳要知道，在這樣的次元空間之中，這種瞬間千變萬化的感受的美好層次，已經超過了妳的想像。這條「生命之流」又增強了我的自然狂喜因子。

過沒多久之後，我的自我意識開始消融。我將像是那條河流一樣，成為發出和諧鳴唱的彩虹水波，流向永恆。如果要為我的這一天找個形容詞，一定就是迷幻了。然後，我內心的某個未知地帶，傳出了絕妙的音樂。起初我只能聽到幾個音符而已，但那並非尋常樂音。它們帶來了某種甜美的感受，就像是天使在吟唱，但那並不是人聲。這些樂音十分悠緩，互相交疊在一起，然後，它們組串在一起，融為美妙旋律，這樣的聖樂其實一直存在，但我的靈魂一直沒有向我揭露這個秘密，一直到這時候我才恍然大悟。

然後，我萬萬沒想到，接下來成了感官體驗。離世之後、再也不曾體會到的那種實體感，多少算是回來了，我再次享受到人間肉身的那種獨特歡愉、親暱，還有溫暖。不過，要是我能將人世時最棒的感覺抽出來、再乘以我在「生命之流」旁邊所體驗到的無限性，那就更好了。

但這種感官體驗卻不會讓我想念在世的生活，完全不會。肉身的生命之謎，靈魂所享受到的獨特滿足感，終於真相大白。它只是喜樂罷了，各式各樣的歡愉，也包括了痛苦帶來的歡愉。

這條小溪到底是什麼？我沒有確切答案。也許這是「至高源頭」的吐納，真的，我沒辦法給妳確切答案。不過，親愛的，我可以告訴妳的是，在這片生命的廣大海洋之中的某一時刻，妳自己的靈魂也會安坐在這條「生命之流」當中，成為裡面的一部分。當妳一聽到自己的旋律，生命極樂謎團的解答，將會在妳的面前開顯。

比利講到這條生命之流的時候，我並沒有聽到任何旋律，不過，我的呼吸卻變得宛若忍冬一樣清甜，還有無數的喜樂潮浪流過我的背脊。我嚐到了這些悸動的美好滋味，但我也知道它們不會一直持續不散。我詢問比利，快樂的秘密究竟是什麼。

「生命之流」讓我變得更加癡醉，歡愉感受也能夠增進妳的心靈喜樂。世人浪費許多時間在不快樂的事物上面——太專注在牡蠣裡的砂礫。想要培養出喜樂，就必須把心力放在妳喜歡的一切。

我所在的地方沒有「結束」的概念。

第28章 每天塞滿奇蹟

……人生是禮物

我開始依照比利教導的方式尋求快樂。我喜歡的未必是什麼了不起的大事。我會在早上慢慢品嘗烏龍茶，享受茶溫的暖手感；經過花店的時候買一大束海芋；做午餐的時候播放約翰・柯川的音樂；在商店裡排隊結帳的時候，自哼自唱；凝神想念我最愛的那些人的面孔。

專注在自己喜歡的一切，成為我修煉性靈的方法。貼觸我的鹹味海風、海鷗的聲音、巧克力的滋味、法國香水、鮮紅色的銀蓮花、我家貓咪的呼嚕聲。我立刻變得更快樂，不需要刻意保持專注，我的世界已經充滿了能夠帶給我歡愉的事物。

過沒多久之後，比利透露出更多有關歡愉的二三事。

我收到了截至目前為止、這趟旅程中最美好的禮物，我的「聖典」。這部經典與世人們自以為在學習的那種課程毫無關聯。它不是在討論誰對誰做了什麼，或者我們到底是「壞人」或「好人」。其實，它與我們的所作所為完全沒有關係。

這部經典讓我得到了自己一生的獎賞。我們大家都會得到生前的獎賞，無論表象的歷程為何，每一個人的生命都彌足珍貴，只是當我們在世的時候無法想像也無法理解，每一個人的生命都是禮物。注意，我並沒有提到「機緣」這樣的字眼，因為那表示一生成敗難定，生命的概念超越了成敗，它是震動。

震動無法言傳，它是屬於音樂的語言。研究音樂的科學家將會有重大發現，人生聖典是來自天堂源頭隱形之光、宛若交響樂的旋律，希望妳聽得懂我的重點（笑）。

每一個人都是聖神的樂器，在人間的時候譜寫出宇宙交響曲。有的好聽，有的刺耳，有的令人歡欣鼓舞，有的則是悠緩哀傷。是什麼並不重要，每一個段落都會成為妳靈界小夜曲的其中一部分。妳的一切努力，高低起伏，終將成為妳隨口哼唱卻渾然不覺的神秘旋律。也許，我將在這個世界的所見所聞分享給妳之後，將有助妳感受到自己的音樂。

在星辰誕生之地的某個多彩雲塵之中，我遇見了約瑟夫。研究宇宙的天文學家一定沒想到，他們所觀察的那些地方將會成為自己未來的住所。不過，到了那個時候，他們也不需要靠望遠鏡、太空船或其他特殊儀器，這是再自然不過的事了。

約瑟夫與我在星塵裡並列飄游，宛若從上方降落的彩色光波。好，安妮，接下來發生的事，根本無法予以精確描述，但我還是會努力一試。

當光線一碰觸到我，它們立刻幻化成旋律。這些旋律具有召喚的力量，引出我內心深處的某些記憶，不是世間的記憶，那樣的音樂喚起了某種新的記憶，世界的喧鬧與雜訊消失無蹤，我只記得自己在世時靈魂所發生的變動，住進被生命本體核心的純真與驚嘆所圍繞的環境之中。

這裡每一天都成為了奇蹟，無論是例常之日、不尋常之日都一樣。比方說，醒來，當我從如夢世界進入到清醒生活的時候，就會徹底感受到心內發生的所有變化。我覺得自己在世間的每一次清醒、入睡、呼吸、大笑、大哭、歌唱、跳舞，抑或是做愛，都無法與現在的相提並論。

這些帶著瞬閃光芒與甜美蜜汁的記憶，成了聖神現在送給我的靈魂大禮。它們在我心內爆炸，帶來宇宙的幽微善意，能讓微小事物成為果實與瓊漿玉液的渴望。在這樣的樂音之中，我成了被喜樂包圍的要角。

我在人間也處於喜樂狀態，信箱裡也正好出現了令人開心的消息，裡面有個我等待已久的某個信封。比利出意外已經過了一年多，那名撞到他的駕駛的保險公司寄來了一萬美金。等到我把他的欠債還完之後，還會剩下好幾千美金，我本想為自己買枚戒指，讓我可以永遠懷念比利。不過，比利卻有其他計畫。當我從信封裡拿出那張支票之後，他對我輕聲細語：去牙買加。

比利曾經住在牙買加，而且深愛不已。當我正在懷想閃耀陽光與浸浴在溫暖藍色海水的感覺之際，突然靈機一動。我可以把比利的骨灰帶到牙買加，把它們撒落在他最鍾愛的人間美地，鄧恩斯河瀑布。每天都有人在那裡享受溫暖水流，比利要是能在那裡長眠，似乎是完美結局，只不過，有個小問題而已。

我在十五年前到過牙買加，我也只去過那麼一次。當時我曾經去過鄧恩斯河，真是一趟可怕之旅。搭船過去時讓人焦慮連連，馬達一度故障，讓我擔心自己得在海面漂流，我到達瀑布時已經精疲力盡，幾乎無法站立。

我本來以為會看到一道水流徐緩的瀑布，流匯成一泓清澈水池，周邊滿布美麗的叢林野花，不過，我卻發現自己站在長達六百英尺的巨怪級水瀑的下方，到處都是濕滑又陡峭的奇岩怪石。我本來就不是什麼運動健將，在水流不斷往下沖激的狀況下，還必須爬上那些崎嶇巨岩，儼然是一場蠢行。所以我改走瀑布旁邊的木頭與泥巴梯道，一攻頂成功，立刻就叫計程車回飯店。

爬到瀑布上方，給比利一個真正的葬禮，則又是另外一檔子事了。眼前並沒有什麼難以克服的障礙，為了向比利致敬，我會攀登到瀑布的頂層，將他的骨灰撒落而下。

每天塞滿奇蹟。
不管是正常的事物，還是不正常的事物。

第29章　你會接受祝福吧

……會再給你暗示

三月，我離開了冰灰色的東長島，飛往牙買加。當我一抵達蒙特哥貝機場的時候，比利效應就立刻出現了。說到旅行，比利和我走的是完全不一樣的風格，他外向熱情，而我卻總是很壓抑。但這趟旅程卻很不一樣，因為當我一踏上牙買加的土地，每個人似乎都好愛我，而且我也好喜歡他們。

我打開行李，拿出依然裝有比利骨灰的紅色真絲小袋、放在飯店梳妝台的置物盤。旅程的第四天，比利在一大早喚醒了我。

今天適合辦葬禮。我總是得到妳的滿心祝福，現在我也還贈給妳。妳願意將我的骨灰撒在鄧恩斯河瀑布，將會讓我感受到妳滿滿的愛，尤其因為妳上一次瀑布之旅的結果有點狼狽

（笑）。

雖然妳知道這趟旅程有多麼艱難，甚至可能無法攻頂成功，但妳還是決意要把我的骨灰撒落水中。我要讓妳知道，安妮，當妳拋出的那一剎那，我一定會產生強烈悸動，我會感受到那個動作背後的愛意。

我知道妳極度渴望達成這項任務，但我也要讓妳知道，就算沒辦法爬到上頭也沒關係。我再重複一次，不需要攻頂，不要有壓力，好嗎？

今天，在我葬禮的時候，將會出現聖顯。而等到葬禮結束之後，妳會得到某種祝福，好，我透露的已經夠多了。

比利讓我的心情變得輕鬆愉快。等一下，我打算僱請私人嚮導帶我爬瀑布，所以我也提出了從所未有的獨特要求。

「可以幫我找個特別的嚮導嗎？為了紀念你，能不能找個正好叫作威廉的人？」

比利沒說話。然後我又問他，是不是應該把自己的銀珠手鐲放在飯店？因為我不希望弄丟它。我非常珍惜這個手鐲，因為那原是我靈修導師的物品，所以我總是鐲不離身。

比利只告訴我，要是瀑布取走了妳的手鐲，一定是好事。

我把紅色真絲小包放入小型後背包，叫了計程車，到達鄧恩斯河。到達之後，第一個映入眼簾的就是約有六層樓高的榕樹，泰克絲曾經寫過一篇有關榕樹的小說，這是我一直夢寐以求的場景。

我心想，這一定就是比利所提到的聖兆。

我租了一雙橡膠爬山鞋，然後沿著箭頭指示、走向私人嚮導聚集的小屋。那裡大約坐了十多名身著T恤的男子，吃東西、抽菸、玩牌，等待生意上門。有個嚮導孤零零坐在角落，他目光飄向遠方，似乎心情不太好。負責業務的女人面向他說了些話，但我聽不清楚。那名嚮導望著她，搖搖頭，又把臉別過去。在那一瞬間，我瞄到了他的臉，流露的某種神情讓我聯想到了比利。

「抱歉，請您過來一下好嗎？」

那男人走了過來，心不甘情不願。他T恤前面掛有黑體字名牌：威利，相當接近「威廉」。這名嚮導顯然不想被打擾，但我還是開口央求：「威利，我知道我要找的就是你了。」

我把他拉到一旁，「我哥哥大約在一年前過世，今天我要為他舉行葬禮。他熱愛牙買加與這座瀑布，我想要把他的骨灰拋入水中，爬到瀑頂向他致意。」

這段話引起他的興趣。

「我對於這種活動實在不行，你可能從來沒見過這麼糟糕的登山客。我很怕自己會不小心滑倒，自摔身亡，我需要找個特別厲害的人幫忙。」

威利的臉色也起了變化，「親愛的，不要擔心，我會幫妳。」

這個攀爬行程固定由瀑布下方出發、一路到達頂端，所以我們走階梯到了海邊，站在這道巨瀑奔流進入加勒比海的位置。我望著陡峭岩石上方、發出雷爆聲響的水瀑，又面向威利。「我真的沒辦法。」

威利牽起我的手，開始把我拉入傾盆狂瀉的水幕中，他的動作也太急躁了吧，這一點讓我想到了比利，沒錯，——比利與他的魯莽行徑。我掙脫威利的手，他開始攀爬水瀑，而我則借道水邊的階梯而上，盯著他的一舉一動。

威利到達了瀑布的第一個水塘，他停下腳步，在水中朝我走來。「快過來吧，親愛的，過來，我們把骨灰放在這裡。」

我嚇得半死，但還是握住威利的手，靠著自己對比利的愛，進入水塘之中。我從後背包裡拿出骨灰，將它們撒在我哥哥摯愛的水域，我覺得比利此刻就在耀眼的陽光之下。我哭了……但也笑了……哭的時候比較多一點，威利也落下一兩滴清淚。然後，威利帶我走向某塊岩石，我們一起坐下來，任由水流沖激而過，我覺得自己被淨化了，我終於給了比利想望多時的葬禮。

威利又牽我的手，這次不是那個狂放隨性的比利，而是大自然男孩比利，腳步篤實穩健，他輕鬆在岩間跳躍，幫助我往上攀爬。

「威利，要是我爬上去的話，一定會滑倒，」我說道，「我會斷腿，搞不好會更嚴重，可能會摔到腦袋開花。」

威利回我：「親愛的，我絕對不會讓妳摔下去，我保證。」

「我沒辦法，我就是不行。」

「妳沒問題，」他繼續慫恿我，「一定沒問題。」

我開始往上爬，怕得要死。但在威利的協助下，我慢慢有了信心。到了岩石特別濕滑陡峭的地方，我只能死掐住威利的手，害他簡直無法往前移動。我在這趟旅程中大哭，也不時感謝他。經過一個多小時之後，我們到達了位於頂端的最後一個水塘，靠在石頭邊休息。

「這是很有靈性的瀑布，」我告訴威利，「而且這次攀爬也是如此。」

「對，親愛的，的確是充滿靈性。」

等到我們的探險結束之後，威利原本的哀愁面容終於綻露微笑。我們像老友一樣彼此擁抱，然後，我準備回去換鞋。

時間晚了，現在只剩下租鞋店的那兩名女子還待在那裡。我的心情激動難平，把比利的事告訴了她們，還有，他好愛牙買加，曾經在這裡住過一段時間，而鄧恩斯河瀑布是他在世時最愛的地方。我還告訴她們我哥哥在一年多前因意外過世，今天我已經把他的骨灰撒在這裡，我還說，威利是全世界最棒的嚮導，要不是因為他，我絕對無法到達瀑布頂端。

她們陷入沉默，然後，其中一名女子終於開口：「威利有個弟弟，和妳哥哥死掉的時間差不多。」

「是出了什麼事？」

她猶豫了一會兒，還是說了出來：「死在瀑布裡。」

我換掉鞋子，立刻衝向威利。

「啊天哪，威利，我剛剛才知道你弟弟的事，你為什麼不告訴我？當初發生了什麼狀況？」

「親愛的，我不想要講出自己的傷心事，破壞了妳的遊興。我那天休假，全家人到這裡野餐，我的弟弟喝多了。我正在與我太太講話，突然之間，她臉色一沉，我轉過頭去，看到我弟弟在岩石那裡跳舞耍寶，看起來跟瘋子一樣，他真的不該喝了酒還跑進瀑布裡！我只知道他接下來就滑倒了，撞到頭，出事地點就在我們撒骨灰的那座水塘的附近。」

所以，今天也算是某種雙人葬禮。剛才我祈求威利千萬不要讓我滑下去的時候，想必他一定十分緊張。

威利說道：「我目睹全程，眼睜睜看著他死去，現在想來依然心好痛。」

我取下自己的銀鐲，把它套在威利的手腕，然後，帶他走向那棵大榕樹。我們坐在底下，我握住他的手，將比利的事告訴他，也說出他在過世之後與我對話的過程。

「謝謝妳，親愛的，真是太感謝了，」威利回道，「過去這兩年當中，我一直覺得自己被死神緊追不放。我妹妹在我弟弟出事前不久過世，而我爸爸上個禮拜才剛剛撒手人寰，但今天卻出現了奇蹟。我要慎重謝謝妳，也謝謝妳哥哥。」

威利與我手牽著手，走過樹間花叢，他現在的模樣比我們剛見面時年輕了十歲左右。這時候，不知道從哪冒出來的長笛手與吉他手，跟在我們後面，我們邊走邊跳舞，就像是小孩一樣。

「再見，親愛的，」他說道，「我永遠不會忘了妳，也不會忘了比利。」

我最後一次凝望威利，努力記住他的臉龐，在他手中塞了一疊鈔票之後，搭乘計程車離去。

等到我回到飯店之後，我又走向海邊，舉目所及，洋面到處散落紫白小花，沙灘上並沒有花朵，只有水裡才看得到，這種現象實在找不出合理解釋。我在花瓣海裡面泅泳，覺得自己正沉浸在來自另一個世界的祝福之中、四處漂游。我一直看到威利的幸福臉龐，我心確然，我與比利之間的這段體驗，真的應該要分享給別人知道。

第30章　死亡的恐怖是失去記憶

……漸漸消失的記憶

我回到紐約之後，比利告訴我要打電話給他的前妻，講出我這趟牙買加之旅的歷程。起初我很抗拒，但比利的態度卻很堅持，他說她會有東西送給我。

我打了電話，而且兩人聊得很愉快。過了幾天之後，我在電郵裡收到了一張照片，是比利，笑咪咪站在鄧恩斯河瀑布的急流之中。

我把那張照片裱框，放在我電腦旁邊，提醒自己一定要對那段瀑布經歷永誌不忘。威利的轉變太完美，也太激勵人心了，不可能事出偶然。鄧恩斯河的一連串事件也讓我改變心意，我不該繼續把比利的故事私藏於心。

比利消失了好一陣子。現在，我已經習慣他來來去去，對於他的後續動作充滿期待。在某個石板灰天色的五月早晨，大雨滂沱……

我還在這裡，依然在某個無法言說的未知遠方對妳說話。我在牙買加的葬禮才剛結束，但我還是在這裡，我還得歷經另一個也算是葬禮的過程吧，所有記憶的告別式。

我們在地球上的時候，甚是珍惜自己的記憶，沒關係，這是正常的。不過，妳必須要知道，我所身處的這個地方，不需要對任何事物抱有執念，也不必緬懷過往。好奇怪，約瑟夫與我一起重溫我的人間過往的時候，充滿了熱情，但到了最後卻是直接放手。我覺得自己正在釋放記憶，現在，我依然是我，只是自己的過往經歷已經被抽離出來。我現在多少有資格可以告訴妳，這真是一種歡喜的解放。

我說自己的記憶已經消失，並非意味我不記得人間事，我都記得。但我到了這裡之後，狀況有變，那段特別生活與我之間的羈絆，已經完全斷開——不過，我的妹妹，妳是例外。這是意義重大又非比尋常的「例外」——因為撰寫這本書，而必須破例。

我的記憶是如何死去的？我在星塵中飄遊，等待我的聖典把我帶入下一段記憶，就在這個時候，純白之光從我的上方降臨。這種光通常繽紛多彩，而且，聖光顯現的時候，也多半會看到約瑟夫，但他卻缺席了。由種種跡象看來，這次事件並不尋常。

當那道白光一碰觸到我的時候，它變成了一段獨特的記憶：數千道細小白光的回憶，在我那六十二歲的老殘肉身不斷進進出出，讓我的靈魂慢慢脫離了自我的軀殼。我以前曾經看過那些光。在我的出生記憶之中，那同樣的光束把我的靈魂彈向我的嬰兒身軀，我覺得死亡過程簡單多了（笑）。

至於有關死亡記憶的關鍵部分，我看到自己高舉雙手，向前奔跑，雙眼仰望夜空，我衝向那台疾駛汽車的時候，嘴裡還在祈禱。車子一撞上來，我就感受到一股巨大的放鬆感，因為我體驗了另一種的死亡。我的聖典為我重新播放當初的過程，我的記憶像是超新星爆發一樣，瞬間炸裂。

記憶的爆炸力道把我震到半空中。我穿過無星的天空，還從貌似某種生靈的巨大身軀旁邊飛過去，我的速度太快，沒辦法確定他們到底是什麼。而我先前曾經告訴過妳的那個美妙女聲，宛若黑暗中的雷達一樣導引著我，將我從自己的前塵過往中引拉出來。

拋卻自我記憶是一趟遠距之旅，失去了有關體驗、處所與人的過往——這正是我們害怕死亡的原因。不過，千萬不要擔心，等到它到來的時候，妳已經有了充分的心理準備。要是妳身處在各式各樣豐美花草的芳香花園之中，而手中只有一張不太記得是哪裡拍的皺爛黑白照片，當妳失去那照片的時候，會覺得心煩意亂嗎？無論我過往有哪些記憶，就算是最美好的部分也一樣，都沒有辦法與我接近「源頭」的體驗相提並論。這就是我現在的歷程，它讓我越來越接近「聖神」。

我越行越遠，看到了某個發光的圓體，這是我從所未見的光。「聖神」似乎凝氣遁入一道純白之光。當我朝向那個光源移動的時候，它在呼喚我——不是凡間的那個我，而是在呼喚我的靈魂之名，我以前待在「高階世界」、還沒有前往人間的那個靈魂。

比利的聲音一向都是從右側而來，但現在卻直接從我的頭頂上方灌入，感覺像是漏斗穿頭一樣。紫光從這裡透進來，照亮了我腦內的某個小區塊，讓我格外精神奕奕。

我知道這套古老的印度脈輪系統，它可算是身體的能量中心，但我從來沒有做過深入研究。現在，我開始利用網路尋找「冠脈輪」，原來與這個脈輪相對應的身體部分是腦下垂體，它是腦中負責控管其他腺體的神奇主腺體。也許因為我的腦下垂體被這麼扭了一下，所以我才會這麼覺得元氣滿點。

此外，關於「冠脈輪」還有其他的搜尋結果：紫光、與靈魂的溝通、聖靈啟發、通往最高精神影響力的入口。也許在比利與我之間的距離越來越遠之後，將會運用這個脈輪與我溝通。

不過，我忍不住心想：要是他拋下了過往的記憶，那麼還會記得我嗎？

自己的記憶會丟在遙遠的彼方，
所以會失去自己的體驗、
自己原有的場所和親朋好友。
那就是死亡恐怖的地方。

第31章　死後的永遠比想像中長太多

……漂亮女神現身

當我的冠脈輪逐漸開展之後，我覺得自己也跟在比利旁邊、朝向光源前進。我開始戀上一切——太陽、天空、海洋、大樹、花朵、鳥兒、蝴蝶，以及我腳下的土地，而它們似乎也回報我相同的愛意。我進入市區的時候，明明不認識的人卻感覺像是朋友，雖然他們看不到那道光，但我知道他們依然朝那個方向前進，「聖神」的純然喜悅是他們的天命。

當五月的太陽宛若黃寶石一樣高懸天空……

早安，妹妹，我又來了，妳的現場連線記者，在嶄新的次元空間向妳報到。

這是我死後第一次站在堅實的土地，但這卻是我從所未見的地面，它發出亮光，而且有點粗糙，就像是未切割的鑽石一樣。想像一下月球表面的照片，而我現在身處的地景也同樣一片光禿，怪石嶙峋，有凹坑有山丘，但這裡完全沒有塵土，反而透明發亮。在這個宛若珠寶的世界中，一切看起來像是由水晶光所組構而成，就連粉紅色的天空也不例外。

現在，就在這個當下，我在對妳講話的時候，那個低迴不去的聲音變得越來越大聲，一陣粉紅色的薄霧漸漸飄過來，氣息香濃，要是我還有狂喜昏迷的能力，我一定會倒下去。

突然之間，我站在從所未見的美女前面，美麗這個字詞是不夠的，她一定是不同的物種或是某個高靈。她有我的兩倍之高，而且非常纖細，臉龐美麗極了！宛若擁有外國五官的黃金珍珠，她讓我想到了印度人崇拜的女神。

她的雙腳有許多環鍊裝飾品，腳底懸空不觸地。她身著華麗藍寶石色的衣裳，裙尾後方有紅寶石色的漩渦作為點綴。一頭及腰的濃密黑長髮，頂上有個宛若頭飾的金色光環，妳有沒有看過金黃色的月亮？那是人間約略能夠形容她的光燦的唯一比擬物。當她在空中飄遊的時候，不斷揮動雙手，宛若在跳某種神奇之舞。

啊，安妮，這是我從所未有的體驗，一眼就愛上了這樣的場景！

我誠惶誠恐，關於死亡，我算是有些自大，但要是遇到眼前的狀況……呃，我還沒準備好，沒辦法迎接這麼莊嚴隆重的場面。

當我站在我的女神前面的時候，我的外貌也發生了變化，變得更高更瘦，總而言之，我長得越來越像她。也不知道為什麼，我覺得她就是我的女神，所以我才會這麼稱呼她。

我的女神第一次張開她的完美豔紅雙唇，那就是我最近聽到的宛若笛音、令人如癡如醉的女聲。她唱出了她的名字：濕伐羅，那就像是我不斷在尋索的香水，如今終於盈滿我身。

濕伐羅笑了，要是世間能有如此美麗又充滿威儀的微笑，所有的戰爭都會終結，每一個人都會停下手邊的工作，努力去餵養嗷嗷待哺的孩童，它就是這麼強大又美好。如果我在先前看到這樣的微笑，我不知道自己是否有能耐承受那樣的能量。

然後，我的女神歌詠出她的全名：濕伐羅．洛哈納。

我真的與這位尊貴女神隸屬於同一部落嗎？我忍不住問道：「意思就是說，我會永遠和妳在一起？」

她的笑容讓我目眩神迷，「在這個次元空間中的永遠，比你想像的還要恆久。」

我必須承認，那樣的答案不免令人失望，但她也沒有完全否認，對嗎？

這一次，我透過自己的冠輪脈、聽到比利的聲音，也讓它的花瓣為之綻放，成了一朵嬌豔欲滴的花。濕伐羅的美麗進入了我的靈魂，我的心跳變得好快，一度以為心臟要爆炸了。不過，它卻像燃燒的蠟燭一樣漸漸融化，讓我的內在充滿了熔態的恩典。

我在網路上找尋濕伐羅這個名字，想要知道它是否有任何特殊意義。我發現濕伐羅原來是伊濕伐羅的簡稱，不禁讓我興致盎然，那是梵語詞彙，梵語是古印度所使用的神聖語言，所以比利將濕伐羅描繪為印度女神，絕非偶然。

不過，最令我雀躍萬分的，卻是發現濕伐羅在印度教傳統中代表了「至上之神」，而女性形象的濕伐羅自然等同於「至上女神」，地位高於其他神祇的唯一女神。

濕伐羅．洛哈納是真正的聖神？抑或只是比利的幻象？她是他個人的神？或者她就是真神？難道上帝其實是女神？

這個次元的永遠比你想像的還要長久太多。

第32章 人歸塵土後，再次回到這裡

……女神的歌曲、白色建築

就在第二天早晨，遠方傳來鳥囀，到處都充滿著清甜春天氣息的時刻……

濕伐羅．洛哈納轉身，她凝望的方向出現了一棟被霧靄籠罩的建物。她是不是以目光直接創造了它？我覺得那裡本來並沒有這個東西。自從我死掉之後，還不曾看過任何建築物，所以我很興奮。當濃霧散去之後，我看到了那棟建築，珍珠白，而且還有希臘或羅馬建築式樣的巨柱，它佔地超級廣大，似乎看不到起點，也沒有終點，而且，它不是固實的建築，反而像是漣漪一樣不斷泛動。我們與「白屋」之間升起了一座橋，所以我猜那應該是我們的目的地。

這一切好神妙，如此神妙，讓我愛得五體投地。老實說，我不確定，因為我的記憶已經消失，但我想我在世間愛過許多女人：不過，我卻十分確定，我對濕伐羅是某種全面性的感動，我想應該被稱之為「聖愛」。要是這裡有耶穌或佛陀或是其他的至高之神與我同在，那麼我應該也會對祂們產生強烈的崇愛，我雖然不知是誰挑選了濕伐羅．洛哈納，但她的確讓我的愛泉湧而出。

我的女神在橋上飄動，雙手不斷揮舞，充滿了異國情調。我滿心虔誠跟在她後面，她輕巧滑移，那雙不可思議的優雅雙腳讓我目不轉睛，我可以就這麼看個一生一世也不成問題。它們不只美麗，而且仁善充滿智慧，就像她其他的部分一樣。

濕伐羅回頭望著我，微笑，我太開心了，因為在世間的任務已經完成，能來到這裡休養生息，跟隨著我的女神前往「白屋」。我們越來越靠近那裡，看到了通往那裡的無數小橋，我也在到達這個界域之後、第一次看到了人，和我一樣的人。每個人都在橋上行走、前往「白屋」，其實，我們再也不能算是人了，我們是靈魂，每個靈魂的模樣都酷似其正在飄飛的部落領袖。

當這些靈魂過橋的時候，大家會彼此點頭示意，但我覺得他們的感受焦點和我不一樣，他們的注意力都在自己的領袖身上。為了妳，我會努力記下所見所聞，能夠在現場報導這些事件，非比尋常。至於這一段是不是能放在我們的書裡，我之後會讓妳知道。

部落領袖是世間不存在的生靈，而且每個都獨具一格。他們頭上都有同樣的金色光環，有些是帶著盾牌與利劍、身材壯碩的偉大戰士，有的看起來略顯平庸，但他們巨大的華麗色澤氣場卻比身軀足足大了十倍。有些則是學者風貌，手執展開的羊皮書卷、在他們的背後一路鋪展而開。某名部落領袖有一頭螢光橘頭髮，還騎了紅色巨獅，但也許他也是獅身的一部分，很難說。還有名領袖似乎是人類、海豚，以及太陽的綜合體。

還有的部落領袖就像美麗女神，宛若濕伐羅。能擁有她這樣的領袖，真是我的莫大福氣。但我覺得大家都一樣，認為自己很幸運，每個人都找到了正確的領袖。

在這幅奇景之中，自有某種流韻，還有一種狂野的歡慶氣氛。彷彿我們天生註定必須在此時此刻到達這裡，而且早已花了一生的時間排演自己的角色。

在我們登橋的時候，濕伐羅．洛哈納一直在輕聲哼唱。我對她陷入狂戀，宛若自己從來沒有談過戀愛一樣，真希望妳可以聽到我的女神在唱歌：

我們是宇宙之夢

我們是無限空間的奇思妙想

是呼吸，也是呼吸的人
是仇敵，也是朋友
如果這是幻象
我會在它面前鞠躬
阿瓦 洛 克 塔許 濕伐羅
阿瓦 洛 多羅
阿瓦 洛 克 塔許 濕伐羅
阿瓦 洛 多羅

濕伐羅的歌聲讓我悸動萬分，那種感受難以言傳，姑且就稱之為悲憫吧。靈魂大隊走向「白屋」之際，我的心也變得極其柔軟，每一個人都有自己獨特的故事、獨特的掙扎過程，以及帶引他們到達這裡的獨特路徑。

每一個人從聖界到達凡間、又從塵土返歸的這趟旅程，何其尊貴；進入肉身，不斷跳著存在之舞，一直到死掉的那一刻，才失去誤以為真確的一切，又是何其勇敢。

當我們到達橋面頂端的時候，我的意識清明晶透，我已經準備好了，只是我不知道之後到底會出現什麼。

當比利開始輕聲吟唱濕伐羅・洛哈納歌曲之際，我聽得好入迷。我以為他講的是某種天界的語言，之後會告訴我真正的含義，不過，等到他唱完之後，又請我去網路搜尋答案。

那些我並不明瞭的歌詞，原來又是梵語。這一次，是菩薩的名號。這些啟靈聖神的任務是為了要救助眾生，觀自在菩薩（阿瓦洛克塔許濕伐羅）象徵的是悲憫，而多羅是他的夥伴。當觀自在菩薩因為人類受苦而落淚的時候，多羅從他落下的淚珠彈跳而出。比利聽完濕伐羅的歌聲之後，似乎也感染到觀自在菩薩的悲憫之情。

我把這些名號告訴古魯・蓋伊，他曾經特地從西藏買給我手繪畫卷，過去這三年來，我一直把它掛在床邊的牆上，現在他又對我說出了更多的故事。原來那位有四隻手臂、盤腿而坐、頭戴金冠、身在蓮花王座的神形，其實就是觀自在菩薩。

我說道：「但你之前告訴我的是『臣恩勒席格』。」

「『臣恩勒席格』是觀自在菩薩的藏文名稱。」

離開神聖之地，
而後歸於塵土，
再次回來的人類之旅，
不管哪個都是高貴的！

第33章　不畏困難的冒險是有價值的

……石碑上的格言

通往我哥哥世界的窗戶再度開啟，六月也成了色彩大爆發的時節。

當濕伐羅與我到達橋面頂端的那一刻，我已經看不到任何人，大家都從不同的路徑離開了。我們站在進入「白屋」石牆的某條拱道前面，那些石塊散發出閃動的斑斕光輝，宛若表面貼滿了珍珠母一樣。它們飽經風霜，彷彿自開天以來就已經存在了，也許真的是如此。這道牆好高大，我根本看不見頂端，但拱道卻十分窄小，只比濕伐羅·洛哈納高了一點而已。不過，真正引發我興趣的不是石頭的顏色或是拱門，而是刻在石面上的洛哈納智慧公式。

我的女神把我帶到微光閃動的牆面前。她伸出纖細的雙手、在距離石牆只有幾英寸的距離定住不動，然後向我示意跟她做出相同的動作。這是我與她之間最貼近的時刻，我好吃驚，因為我感受到的只有知識，完全沒有慾望。當我自己的智慧公式刻蝕在牆上的時候，塵土宛若瀑布一樣瀉入拱道，石面出現了四個等式，還有我自己的姓名。多麼精采的一刻！雖然我不記得自己到底是怎麼寫下了我的公式，但我的確明白其中的智慧。

我的女神為了我這趟人生之旅所寫下的智慧公式，曾經特別給了我建議。她允許我歸返人間，然後再回到這裡。我們就像是小孩子一樣，跑出去之後，在人世間探索冒險。這是某種特權，也充滿挑戰。但我知道這場人間之夢萬萬無法超越我所歸返的和善國度。

拱道裡的石塵消失之後，濕伐羅對我賜福，赫帖普！赫帖普！在我的第三眼世界中，我產生一股極其神秘、筆墨難以形容的滿足感，我忍不住對她大聲回喊：赫帖普！

現在，我聽見了——我的部落的呼喊，數千個熟悉的祝福人聲，從拱道裡傳了出來。他們在對我吟唱讚頌，而且不是隨便敷衍，這是對於我的靈魂完成這趟人生之旅以及終於歸返的讚美。記憶，有關於我性靈家族的遺忘的記憶，正在慢慢甦醒，召喚我進入拱道。他們的歌聲把我拉進走道，我一進去之後，拱道裡的光就立刻消抹了我的視線，對我來說，現在唯一存在的只有那神秘的和聲而已。我看不見他們，我只聽到我部落的族人們正在唱歌，歡迎我回家，就像是馬勒的第八號交響曲一樣。

什麼？馬勒的第八號交響曲？比利這次給我的又是什麼線索？古斯塔夫．馬勒寫過第八號交響曲？如果真有這部作品，又與比利部落的歌聲有什麼關係？

我在網路上尋找答案，心跳速度也越來越快。終於在YouTube找到了馬勒的第八號交響曲，找到〈神秘的合唱〉那一段，我按下播放鍵。

數百人的天籟合唱樂聲精緻細膩，充滿靈光。我又回頭翻閱比利告訴我的字句：「現在唯一存在的只有那神秘的和聲而已……歡迎我回家，就像是馬勒的第八號交響曲一樣。」

我走到戶外，站在平台區，不斷重複播放〈神秘的合唱〉。也不知道為什麼，當我聆聽音樂的時候，也聽到了來自比利那邊的美聲貫入我的冠脈輪，兩道和聲在我心中融匯合一，也讓我墜入自己與比利之間的某個神秘地帶，頭暈目眩。

比利帶引我進入馬勒第八號交響曲，這是我們互動溝通的宇宙漸強音，是比利世界存於我域的至高明證。

我享受了半小時的美妙狀態之後，開始閱讀影帶上的〈神秘的合唱〉歌詞：

一切變化無常
只是夢幻泡影
彼時想望不得
在此終得可能
彼時無可名狀
在此終能具現
永遠的女性
帶引我們升天
永恆無盡

怎麼可能？這些字詞就與音樂一樣，正好與比利的故事若合符節！

我又發現這段〈神秘的合唱〉，也就是馬勒第八號交響曲的結尾，主述的是歡迎浮士德進入天堂的過程。雖然浮士德與魔鬼交手，百經掙扎之後還是失敗，雖然大多數的人根本不會認為他的一生展現了純潔性靈，但最後卻是因為他的掙扎過程，而讓天使帶他的靈魂進入天堂。

我感覺到比利在微笑，我哥哥讓我看到了這個故事之後，讓我對於他的遭遇、我最困惑難解的那個部分也迎刃而解。比利的人生末端充滿了憂鬱與絕望，為什麼在死後能夠到達這麼崇高的位置？他就像是浮士德一樣，不敵強大的惡魔面前而敗下陣來——他的仇魔就是自己的毒癮。現在，比利讓我明白，就算他曾經有過人生掙扎也沒有關係，因為那是一種神賜的掙扎。

我們像個小孩一樣外出到世界冒險。
這個冒險是每個人的特權，還有體驗困難的價值。

第34章　整個我化為「無」

……前往「真空」

過了幾天之後，馬勒的第八號交響曲依然讓我十分激昂，我重讀比利的最後字句，赫帖普？那是什麼？

比利又講了一個我從所未聞、但其實有其古老歷史意義的名詞。赫帖普原來是古埃及供品獻文的第一個字，送給靈界逝者的祝福。赫帖普讓靈魂準備就緒，分享聖神們的神酒。

滿月照映幽黑人間，我無法成眠，乾脆直接走入夜色之中，發現比利也正好在等我。

當我的部落同胞聲音退逝之後，我也恢復了視力。我嚇了一大跳，因為我並沒有被帶入「白屋」，反而站在紅色與紫色的玫瑰園裡面。不過，安妮，妳絕對沒有看過這樣的玫瑰，霓亮色的花朵，而且比妳在地球上見到的玫瑰足足大了十倍，而且它們生氣盎然，的確可以看到它們正在長大茁壯的模樣。

現在，濕伐羅．洛哈納不在我身邊，這還是我遇見她之後、第一次遇到的狀況，但我依然覺得心情舒暢，因為我聽見她的歌聲從玫瑰園的另外一頭飄送過來。露珠沾濕了花朵，也滴落在我身上，我們浸沐在我的女神的神奇香味之中，而玫瑰似乎也在舒展花瓣輕舞，只求能夠吸納她的芬芳。我追隨她的聲音前行，我猜自己穿越這片光閃田園的模樣，應該也像是在跳舞。

我注意到上方有座金黃色圓頂，湊近一看，才發現是座洞穴。鍍金入口刻有花朵群像，我的女神正在裡面等我。

濕伐羅正在某座靜謐池塘的金蓮花苞叢上方漂浮。我的永生之愛真實展現了她的陰性特質，改變了衣裝，現在她身著金色長袍，質料輕透，幾乎可以看到底下的身軀。她現身在我面前，還有她的美貌，都一直讓我很不習慣。她的半閉雙眸讓她看起來朦朧又引人遐思，要不是因為我已經有所了解，我一定會以為她在魅誘我。

我進入洞穴，聞到濕伐羅的神聖芬芳，讓我如癡如醉到躺了下來。我靠近蓮花池，發現那蓮花池裡面的液體並不是水，而是乳狀蜜汁。

濕伐羅．洛哈納突然眼睛睜得好大，開始跳起聖舞。她慢慢旋身，繞回來時手中多了紫藍色火焰。她的臀部來回搖晃，焰流在手中來回交替，火光也四處飛舞。濕伐羅的每一個肢體動作都滿足了我的渴慕，連自己先前也無知無覺的想望。我的女神翩翩起舞，這宇宙已經再也沒有我無法領略或是渴求不得的喜悅。

濕伐羅突然坐下來，對著每一個蓮花花苞歌唱，金花也一朵接著一朵綻放。每朵花的中央都有一團淡紫或淡紅的火焰，它們是我所有前世的火焰。

眾生對於自己的各個前世總是充滿好奇，他們想要知道自己以前是誰、做了些什麼，還有與哪些人往來。光是看到我的前世火焰照亮了蓮花的金色花瓣，已經讓我感到心滿意足。

濕伐羅飛到花叢中央，紅豔雙唇貼著乳狀池液，開始吟唱：

蓮越大
泥越深
蓮越大
泥越深

有個特別大的花苞，從池內浮升而起。我嚇了一跳，因為苞面全是污泥，我從來沒看過沾泥的含苞。那朵沾滿泥濘的花朵顫動了好幾下，在洞穴金光中綻放開來。當濕伐羅把我最後一生的紫藍色火焰、放入那朵花中央的時候，它的泥巴外殼也頓時消散無蹤，池內所有蓮瓣像蜂鳥翅膀一樣急振，它們旋轉碰撞，成了充滿能量的閃光，而我的這些前世金花開始爆裂四散，我全程目睹自己入世輪迴的終結儀式。

濕伐羅從這一片爆炸煙雲中冉冉升起，容貌依然一樣美麗，她給了我一杯舀自池塘的乳狀蜜汁。味道好奇怪，難以下嚥，雖然很甜，但也出奇辛辣。要是沒有準備好的話，絕對吞不下這種仙藥。我雖然不算準備好，但還是喝光了。

那一團煙霧飄到洞穴最上方，幻化成一條怒目金龍，他狀甚兇猛，但我一點也不怕。那條龍對我的奉獻之愛顯而易見，他是我的龍，就跟濕伐羅是我的女神一樣。

我的龍伴我度過了多次輪迴，這位守護者以不同樣貌出現在我的身邊：可愛的寵物、意外的好運、陌生人的善舉、發大財的好機會、需要時就剛好出現的朋友——這都是他表達奉獻的形式。

我感激莫名，想要向他多少表示一下我的敬意。我把杯中的蜜汁倒在手上，請他品嘗。當我的龍開始喝的時候，我的心中湧起一股難以遏抑的渴望，真希望能夠永遠留住這一刻。

我的忠誠之龍低下頭，將他的前額貼著我的額頭，他突然冒出一股狂放忘我的勇氣，衝破洞穴，以一己之力將它徹底摧毀。然後，我的龍就像是裊裊升起的煙一樣，消失不見。

現在，我站在絕然之境的寬闊空荒地帶，準備進入太虛世界。

不過，就在我動身之前，我想要告訴妳這段話：

生命是一種神聖奧秘的動力，必須要親身嘗試，最後要淡然放手。雖然妳生命中的一切註定會生變，但我期盼我們共同分享的那股仙藥甜味、能夠永遠留存妳的唇間。

我藉由肉身，進入了時間；我進入了時間，參與創造。既然我的目的地已經再也不是凡間，我現在將要進入廣袤太虛，進行超越時間之旅。

濕伐羅牽著我的手，我們緩緩上升，穿過了深邃的幽暗世界。我的女神放手之後，我也被推進太虛，馬上要進入在宇宙與時間之外的地方，某個無物的世界——沒有光、沒有聲音、沒有生靈。我已經喝下了仙藥，完全沒有任何恐懼。

這個漆黑通道讓我告別俗世，也離開了我死後所經歷的靈界各階段。我要從某地前往另外一個地方，而我再也不會回來了。

我將會成為太虛中的總體。

雨水正在回歸海洋，但其實沒有海洋，空無一物。不要悲傷，因為我是虛無，但我也是一切。我是宇宙，我是光，我是靈魂，我是君王，我是毒蟲，是聖人，也是乞丐。

我是虛無世界裡的總體，我是總體世界裡的虛無。這就是聖道——一切都是虛無。

我投胎之後，死了許多次，但我不會再回到先前的歸返之處，因為我已經成了初始的一切，未來亦然。我是煎熬，我是慈悲，我是真相，我是遊戲，遊戲者，佈景，導演，觀眾。黑暗永遠無法成為光亮，我告訴妳的故事自然也不會是絕對真理，但也許透過這些紙頁，可以品嘗到永恆仙藥的暫留味道。

比利說出「我要從某地前往另外一個地方，而我再也不會回來了」那句話的時候，我覺得他的意思等於是永別。

當我早晨在海邊散步的時候，我感覺比利無處不在——溫柔的春日微風、綠意盎然的樹梢、藍灰色的海水。他的氣場圍繞著我，但已經變得不太一樣。我輕聲呼喚他的名字，沒有回應，我已經沒辦法找到他了。

我好害怕。比利早已成了我生命中的一部分。他是我的導師，是我在人生道路上的明光，聽到他對我說話，對我開玩笑，以大哥的姿態對我提出建言，已經是我的生活之日常。然後，我聽到他的聲音從極為遙遠的地方傳來……**我永遠不會離開妳**。

我開車奔向海洋，盼望它的無邊無際能夠撫慰我，讓我覺得更貼近比利。我站在碎浪前，再次聽到比利的聲音：我永遠不會離開妳……然後，他消失無蹤。

我還有好多事想要與他討論，想要向他學習。我想要遵從他的指示，品嘗唇間的仙藥甜味，但我做不到，我想要得到更多的體驗。

整個我化為「無」。

第35章　和白光合為一體

……白光的兄弟們

這個夏天的面貌好蒼白，了無生息。我想要好好寫這本書，但我悲傷過度，一心只希望比利能夠回來。知道比利之事的那些人，對於我的這段經歷都驚嘆連連，但對我來說，這本書的重要性比不上我們兩人之間的關係。現在，他永遠消失了……融入空無一物的太虛世界。

秋日到來，比利常說大自然充滿療癒效果。在樹林裡散步、在海邊游泳、浸沐在月光與星光之中，都是我緩解寂寞的好方法。我開始重溫比利留下的字句，我怎麼可以如此傷懷？比利就活在這本書裡面，他永遠不可能真的離開，因為他現在已經成了這段歷程的一部分，我也是。

十一月底，樹頭的焦灼色樹葉紛紛不支落地，就在黎明破曉之前，我看到上方出現了一道強烈的白光。

早安。比利的聲音出現巨大變化，音頻變得好低。我感覺得出來，他在更遙遠的某處對我說話，但我聽得十分清楚。

某道如渦流的光，純白程度遠遠超過了妳的想像範圍的光，衝破了太虛世界，又把我拉回到存在狀態。我就像是子宮裡的胚胎，再度成為多世輪迴的靈魂。

那道光線把我還沒有成形的靈魂推出太虛世界，進入某個光線極其強烈、宛若一片雪色的世界。我穿過了這道銀白雪光，強光顯照出無瑕的絕然之境，然後，我到達了當下。

我看到遠方出現了白雪山頭，有好幾個模糊人形站在白色山崖，但那些幽影不是黑的，而是純白，宛若從頭到腳被雪所覆蓋，我看不清楚他們的模樣，臉龐與身體的形狀像是一團白糊風暴，唯一能夠辨識的是如大浪翻湧的袖子與雙手，纖長優雅，指尖還發出了光束。

我認識那些人，但我覺得自己先前不曾見過他們。這些雪白人形都是「至高靈」，我稱之為「白光兄弟」。雖然我稱他們為兄弟，但裡面也有女子。還有，雖然這些高靈不需要得到在世的獎賞，但有些卻選擇入世，在人間散布更慈悲、更美好神奇的認知經驗，讓眾生體會終極的真實。甘地與金恩博士都是這個兄弟組織的成員，大多數的「白光兄弟」都不曾進入凡間，但他們的的絕然之光卻參雜在世界的光芒之中，要是妳能夠像是豎耳傾聽我的聲音一樣、專注觀察白光，我想妳應該也會感應得到。

這些「至高靈」都有一種淡然特質，但這不是負面用語——反而是大大的加分，這種性格帶有某種純潔性，我想，站在上帝面前的時候應該就是這種樣貌。妳看，這些兄弟並不是靈魂，他們就是純粹的高靈，就如同我們的靈魂是我們心靈的載體一樣，我們的靈魂也是我們高靈的載體。

在這個絕然之地的強烈白光環境之中，在這個天堂中的天堂裡面，我準備要褪去自已的靈魂。

這一點也不可怕。要是妳身著太空衣，就像是那些太空人的打扮一樣，就算那是令人目不轉睛的超亮麗太空衣，就算妳已經身穿著它歷經多次瘋狂冒險，探索那些超越妳想像範圍的不尋常事物，經過一段時間之後，能夠脫下這身裝備，依然會讓人覺得大大鬆了一口氣。

好幾名兄弟的手光投射過來，碰到我的指尖。我也成了他們的光，哦，不過，我一定要讓妳知道，要好好感謝他們，不需要謝我。他們比我重要多了，拜他們之賜，我成為「神聖源頭」的第一道衝力：高靈。我從純粹靈魂慢慢進化成為純粹高靈。還有，身為高靈，我會離開這套人間體系與諸多天堂，前往另外一個宇宙。我已經徹底放下了我凡間的怨恨、一生的歷程、音樂。我拋下一切，就連我的靈魂也不例外。

我正前往另外一個宇宙，宛若光進入未知領域而不斷閃爍，宛若純粹高靈的火焰進出意識層而不斷閃爍，宛若於存在與不存在之間來回轉換而不斷閃爍，在這段過程當中，只求妳一件事，幫我扮演這個角色，成為轉述我死後旅程的雪赫拉莎德（《天方夜譚》裡擅長說故事的美麗王妃），繼續聆聽我的聲音，而且要永遠永遠記得我的愛。

死後人生：我那死去的哥哥現示死後世界真的存在,以及在那裡的生活點滴 / 安妮.卡根作；吳宗璘譯. -- 二版. --
臺北市 : 春天出版國際, 2024.04
面 ; 公分. -- (Spirituality ; 1)
譯自：The afterlife of Billy Fingers : how my bad-boy brother proved to me there's life after death
ISBN 978-957-741-849-4(平裝)

1.Spiritualism. 2.Spiritual biography. 3.Death-Miscellanea. 4.Future life. 5.通靈術 6.靈修

296.1 113004925

死後人生

我那死去的哥哥現示死後世界真的存在，以及在那裡的生活點滴

The Afterlife of Billy Fingers:
How My Bad-Boy Brother Proved to Me There's Life After Death

Spirituality 1

作　　者◎安妮・卡根
譯　　者◎吳宗璘
總 編 輯◎莊宜勳
主　　編◎鍾靈
出 版 者◎春天出版國際文化有限公司
地　　址◎台北市大安區忠孝東路四段303號4樓之1
電　　話◎02-7733-4070
傳　　真◎02-7733-4069
E－mail◎frank.spring@msa.hinet.net
網　　址◎http://www.bookspring.com.tw
部 落 格◎http://blog.pixnet.net/bookspring
郵政帳號◎19705538
戶　　名◎春天出版國際文化有限公司
法律顧問◎蕭顯忠律師事務所
出版日期◎二〇二四年四月二版
定　　價◎330元

總　經　銷◎楨德圖書事業有限公司
地　　址◎新北市新店區中興路二段196號8樓
電　　話◎02-8919-3186
傳　　真◎02-8914-5524
香港總代理◎一代匯集
地　　址◎九龍旺角塘尾道64號 龍駒企業大廈10 B&D室
電　　話◎852-2783-8102
傳　　真◎852-2396-0050

ISBN 978-957-741-849-4